少ない材料＆調味料で、
あとはスイッチポン！

ホットクックお助けレシピ
肉と魚のおかず

橋本加名子

ホットクックで肉と魚の メインおかずがラクラク！

家事や仕事で忙しすぎる毎日を助けてくれる、シャープの自動調理鍋「ホットクック」。スイッチひとつで火加減を細かく調整して食材の味を引き出し、おいしく仕上げてくれる便利な調理家電です。

とはいえ、食事の献立決めも、忙しい日々の悩みのタネ。そこで、このレシピブックがレスキュー！　ホットクックでつくりやすい「肉と魚のメインおかず」だけをたくさん紹介します。準備が負担にならないように食材や調味料の種類は少なく、ちゃんとおいしくつくれるお助けレシピを厳選しました。

主菜さえなんとかなれば、副菜はきゅうりやトマトなどの切るだけの野菜、納豆や冷ややっこで十分。あとは、ご飯と汁物があればOK！　毎日の家事を少しでもラクにするために、ぜひこの本をお役立てください。

あとの加熱は
まかせてね♪

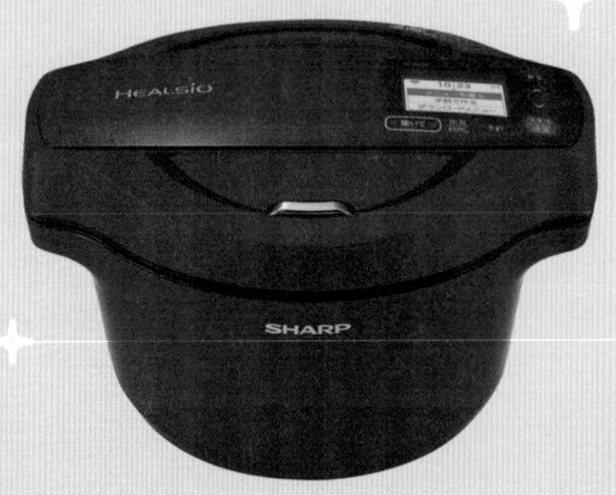

ホットクックがあると助かる 7つのこと

ホットクックは、毎日の家事をラクにしてくれる「お助け家電」。
せっかくのメリットを最大限にいかして
できるだけ食事づくりの負担を減らしましょう！

1 スイッチを押すだけ、かんたん！

材料を内鍋に入れたら、「調理キー」を選んでスイッチポン！ どの料理もこの手順でできあがるので、気楽でかんたん！

2 火加減の調整がいりません

火加減はホットクックが調整してくれるので、手間いらず。ほったらかしでもおいしい料理ができあがります。

3 調理中にほかの家事ができます

調理はホットクックにまかせて、キッチンを離れても大丈夫。だから、洗濯や掃除など、ほかの家事がはかどります。

4 キッチンが汚れず、掃除がラク！

吹きこぼれや炒め物の飛び散りもないので、キッチンがぴっかぴか。掃除の手間が省けます！　内鍋以外は食洗機も使えます。

5 家族に調理をまかせられます

内鍋に材料を入れておき、家族にホットクックにセットして調理キーを押してもらえば、自動的に料理が完成。炊飯器でごはんを炊くのと同じ感覚です！

6 できあがった料理の保温もOK！

つくった料理は、そのまま保温しておけます。あたため直しをしなくても、タイミングよく温かい料理が味わえて便利！

7 シニア世代のごはんも安全&安心

火の扱いが心配な親世代。調理は自動的に止まるので、加熱しっぱなしになりません。歯の弱い方でも食べやすい、やわらかく煮込む料理も、焦がさずつくれます。

CONTENTS

PART 1

ボリュームたっぷり「豚肉おかず」

PART 2

みんな大好き「鶏肉おかず」

PART 3

ちょっとぜいたく「牛肉おかず」

PART4

しみじみおいしい「魚おかず」

ホットクックで肉と魚のレシピを おいしくつくるコツ

ホットクックの調理は、材料を入れてスイッチを押すだけ！
とてもかんたんですが、肉＆魚レシピをつくるときの
ちょっとしたコツをぜひ知っておいて。
よりおいしさがアップします！

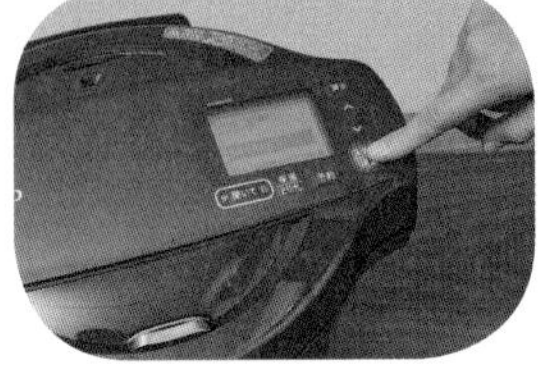

「自動調理キー」を活用！

この本のレシピは、ホットクックに設定されているたくさんの「自動調理メニューキー」のなかから、加熱時間や加熱の特徴を考慮して厳選した調理キーを使います。P10に掲載した自動調理メニューキーの主な特徴をチェックして、似たような料理をつくるときの調理キー選びの参考にしてください。

※この本では、少ない種類の自動調理キーを活用して、さまざまなレシピを提案しています。そのため、ホットクックに準備されている自動調理キーとは大きく異なるものを推奨している場合がありますが、まちがいではありません。

食材の切り方がポイントです

ホットクック調理では、食材の切り方や大きさも重要ポイント。たとえば、レシピ中に「5㎜厚さに切る」と指定されている場合は、その通りにしてください。厚すぎると火が通らず、薄すぎると煮くずれしてしまうことがあります。

肉は水分のふき取りを！

肉のパックに出ている水分は、料理のくさみのもとなので、しっかりきるようにしてください。肉の表面の水分も、キッチンペーパーで軽く水分をおさえておきましょう。アクも浮きにくくなります。

魚は塩をふってから水分をふき取って!

魚料理をおいしく仕上げるためには、くさみは大敵！　この本の生魚を使うレシピは、すべて塩をふって少しおき、くさみのもとになる水分を出し、キッチンペーパーでふき取る手順を加えています。

食材を入れる順番も大切

内鍋に食材を入れるときは、水分の多い野菜を敷いてから肉や魚をのせましょう。無水調理をする場合は特に、野菜の水分をいかして肉や魚に火を通すことができます。この本のレシピはすべて「～、～、～の順に入れる」と説明しています。

味見&加熱の延長で調整を!

ホットクックは調理の途中でも一時停止ボタンを押して加熱を止め、ふたを開けて味見できます。普通の鍋でつくるときと同じように、自分好みの味つけに調整してください。また、完成した料理の火の通りが足りないと感じたら、加熱時間を延ばしましょう。

肉と魚のレシピにおすすめの自動調理メニューキー

ホットクックには多彩な「自動調理メニューキー」がありますが、この本では使いやすい調理キーにしぼって、オリジナルの解釈でレシピを考案しました。主に使ったのは、下の４つの調理キー。どれも使い勝手のよい調理キーなので、ぜひ特徴を覚えて！

こんな料理に！	● 魚の煮物 ● 火の通りやすい肉の煮物 ● 食感を残したい野菜の煮物	● 食材の食感を残し、混ぜて加熱したい炒め物 ● 混ぜて水分をとばしたい炒め煮 ● 混ぜながらとろみをつけたい料理
おすすめ自動調理キー	20分 **さばのみそ煮キー** HT24B HT99B HT16E ▶煮物2-10 HT99A ▶煮物1-9	まぜ技ユニット 20分 **豚バラ大根キー** HT24B HT99B HT16E ▶煮物2-14 HT99A ▶煮物1-20 ※HT99Aのみ15分です
たとえばこのレシピ	白菜と肉団子の煮込み（P26） 牛肉とまいたけのすき煮（P86） サバの梅煮（P112）	なすと豚バラの回鍋肉風（P14） 鶏ときのこのクリーム煮（P68） ブロッコリーのシーフード塩炒め（P122）

ホットクックの機種について

この本でレシピ考案のために使用したホットクックの機種は、「KN-HW16E」と「KN-HW16F」(容量1.6ℓ／2～4人用)です。調理キーがわかりやすく表示され、音声ガイドや無線LANで新しいレシピを検索できるモデルです。ほかにも、2～6人用の2.4ℓタイプ、1～2人用の1ℓタイプなどがあります。

ホットクックのくわしい機種やカラーバリエーション、使い方などについては、取扱説明書またはオフィシャルサイトをごらんください。

https://jp.sharp/hotcook/

この本のレシピは
1.6ℓ／2.4ℓの
全機種でつくれます！

- 混ぜながら加熱したい煮物
- 味をしみ込ませたい煮物
- じっくりやわらかく仕上げたい煮物

↓

35分
肉じゃがキー
まぜ技ユニット

HT24B　HT99B　HT16E
▶煮物2-1

HT99A ▶煮物1-1

↓

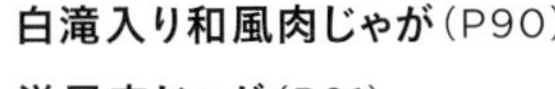

白滝入り和風肉じゃが(P90)
洋風肉じゃが(P91)
ツナじゃが(P120)

- 煮くずれさせずにやわらかく仕上げたい、大きく切った根菜の煮物
- かたまり肉や骨付き肉の料理

↓

65分
おでんキー

HT24B　HT99B　HT16E
▶煮物2-12

HT99A ▶煮物1-4

↓

和風やわらか煮豚(P38)
味たま入り中華風煮豚(P40)
鶏手羽先と大根のコトコト煮込み(P58)

※この本ではほかに「ブロッコリー」キー(15分)、「茶わん蒸し」キー(20分、「HW16F／24F」は手動→蒸す→15分)、「ミートソース」キー(30分)、「発酵・低温調理」キー(手動→65℃→1時間)を使っています。

この本の見方とレシピについて

この本のレシピは、1.6ℓタイプの「KN-HW16F」を基準にしていますが、1.6ℓ／2.4ℓタイプの全機種でつくることができます。それぞれのレシピページに掲載したマークや表の見方は、下記を参考にしてください。

● 調理時間

この時間は自動調理メニューキーに設定されている、加熱時間の目安です。この本のレシピでつくる場合は、食材の種類や量によって、変わることがあります。また、材料を切るなどの準備の時間、盛りつけなどの仕上げの時間も含まれていませんが、どのレシピも手間がかからないものばかりです。

● 自動調理メニューキー

メインで表示している自動調理メニューキーは「HW16D/HW16E/HW16F/HW24C/HW24E/HW24F」の機種にもとづいていますが、掲載したレシピは、1.6ℓタイプと2.4ℓタイプのホットクック全機種に対応しています。それぞれの機種の自動調理メニューキーにしたがって操作してください。

● まぜ技ユニット

このマークがあるレシピは、あらかじめホットクックに「まぜ技ユニット」を装着してから調理してください。

調理時間 20分

なすと豚バラの回鍋肉風

にんにく＆豆板醤のパンチをきかせたみそ味が回鍋肉風。
この甘辛い味つけ、なすと豚バラに抜群に合います！

調理キー

メニュー ▸ カテゴリー ▸ 煮物 ▸ 肉 ▸ 豚バラ大根

HT24B HT99B HT16E 自動 ▸ 煮物2-14
HT99A 自動 ▸ 煮物1-20

まぜ技ユニット

豚バラ薄切り肉

材料（2〜3人分）
豚バラ薄切り肉 … 200g
なす … 3本（240g）
ピーマン … 2個（80g）
にんにくのみじん切り … 1片分
ごま油 … 大さじ1
A みそ、酒 … 各大さじ1
　しょうゆ、砂糖、豆板醤 … 各小さじ1
　水 … 大さじ1

つくり方

準備
- なす ➡ 小さめの乱切りにする。
- ピーマン ➡ 半分に切って種を取り、小さめの乱切りにする。
- 豚肉 ➡ 3cm幅に切ってAをもみ込む。

調理
- 内鍋になすを入れ、ごま油をからめる。
- 豚肉（もみ込んだAの残りも）、にんにく、ピーマンの順に入れ、調理キーを押す。

BEFORE

AFTER

まぜ技ユニットが混ぜながら炒めてできあがり！

アレンジのヒント
ピーマンがなければ省いてもOK！
もちろんキャベツでつくっても。

14

15

● アレンジのヒント

ひとつのレシピをベースにして、アレンジするためのヒントです。ほかの食材にかえたり、調味料をプラスしたり、ホットクックレシピのレパートリーを増やすためのアイディアを示しています。

レシピのきまり

- 小さじ1は5mℓ、大さじ1は15mℓ、1カップは200mℓです。
- にんにく1片、しょうが1かけは約10gです。
- 食材を洗う、野菜の皮をむくなどの基本的な下ごしらえは省いています。

ボリュームたっぷり「豚肉おかず」

豚肉は薄切り肉からブロックまで、部位も形もいろいろ。
それぞれの味わいをいかしてつくる
レシピはバリエーション豊富！
ホットクックで調理するときには、バラやロースなど、
適度に脂のある部位がおすすめ。
特に、ふだんのおかずでよく使う薄切り肉は、
適度に脂がある部位のほうが肉がかたくしまらず、
短時間で野菜にもお肉の旨味が
しっかりしみておいしく仕上がります。
定番の煮物はもちろん、フライパンで炒めたり
焼いたりしていたメニューも、
ほったらかしでつくっちゃいましょう！

調理時間
20分

なすと豚バラの回鍋肉風

にんにく＆豆板醤のパンチをきかせたみそ味が回鍋肉風。
この甘辛い味つけ、なすと豚バラに抜群に合います！

アレンジのヒント

ピーマンがなければ省いてもOK！
もちろんキャベツでつくっても。

調理キー

メニュー ▶ カテゴリー ▶ 煮物 ▶ 肉 ▶ 豚バラ大根

HT24B HT99B HT16E 自動 ▶ 煮物2-14
HT99A 自動 ▶ 煮物1-20

材料 (2～3人分)

豚バラ薄切り肉 … 200g
なす … 3本(240g)
ピーマン … 2個(80g)
にんにくのみじん切り … 1片分
ごま油 … 大さじ1
A みそ、酒 … 各大さじ1
しょうゆ、砂糖、豆板醤 … 各小さじ1
水 … 大さじ1

つくり方

準備

- なす ➡ 小さめの乱切りにする。
- ピーマン ➡ 半分に切って種を取り、小さめの乱切りにする。
- 豚肉 ➡ 3cm幅に切ってAをもみ込む。

調理

- 内鍋になすを入れ、ごま油をからめる。
- 豚肉(もみ込んだAの残りも)、にんにく、ピーマンの順に入れ、**調理キー**を押す。

豚バラれんこんのピリ辛炒め

ホットクックは根菜類の火の通し方がピカイチ。ほどよい歯ごたえのれんこんに豚バラとごま油の旨味が加わって、ピリ辛味もあとをひく！

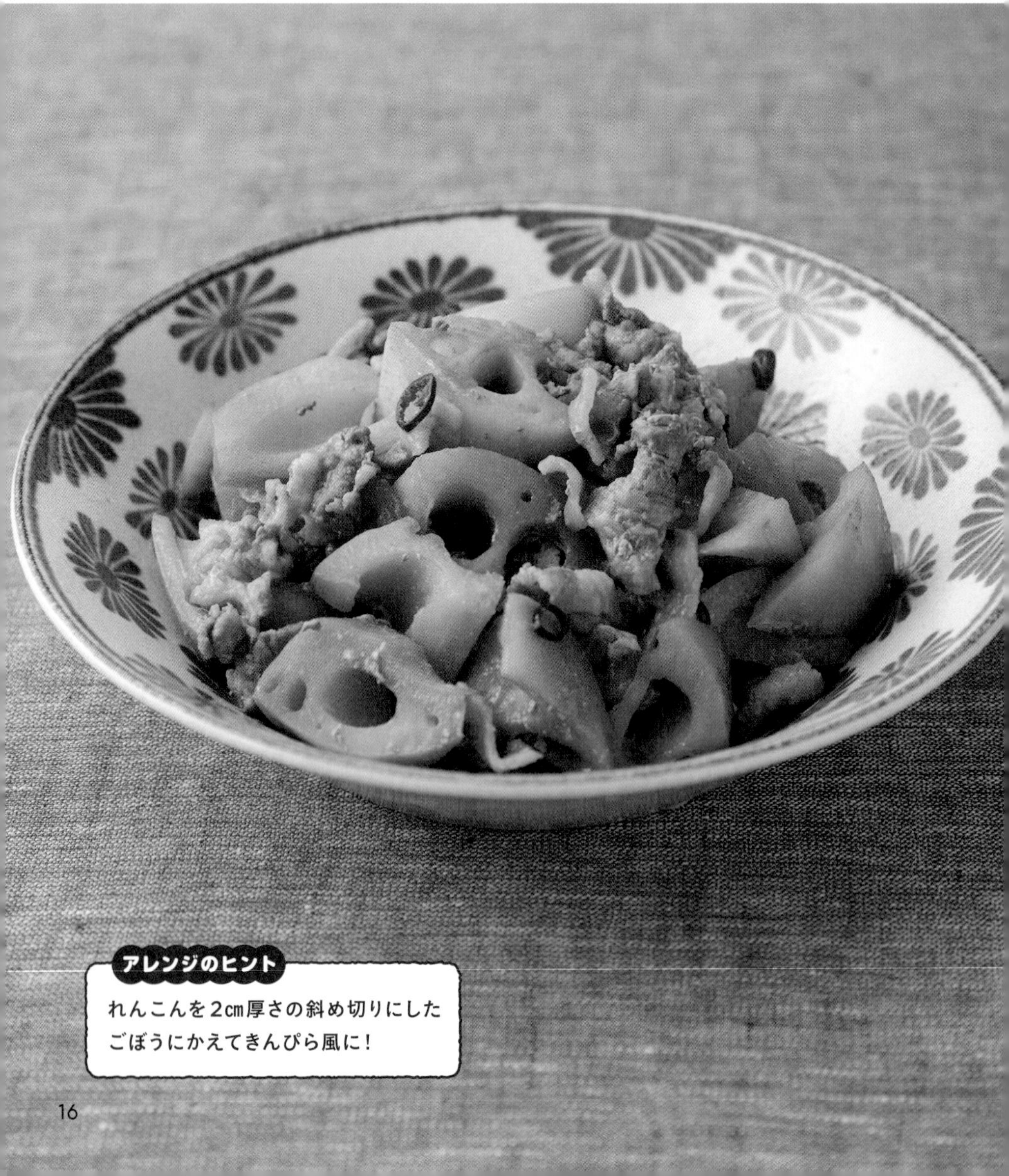

アレンジのヒント

れんこんを2㎝厚さの斜め切りにしたごぼうにかえてきんぴら風に！

調理キー

メニュー ▶ カテゴリー ▶ 煮物 ▶ 肉 ▶ 豚バラ大根

HT24B HT99B HT16E 自動 ▶ 煮物2-14
HT99A 自動 ▶ 煮物1-20

材料（2〜3人分）

豚バラ薄切り肉 … 200g
れんこん … 250g
A 酒、みりん … 各大さじ1
しょうゆ … 大さじ2
ごま油 … 小さじ1
赤唐辛子の輪切り（乾燥）… 小さじ1

つくり方

準備

- 豚肉 ➡ 3cm幅に切り、Aをもみ込む。
- れんこん ➡ 小さめの乱切りにし、軽く水にさらして水気をきる。

調理

- 内鍋にれんこん、豚肉（もみ込んだAの残りも）の順に入れ、**調理キー**を押す。

ゴーヤーチャンプルー

フライパンで炒めるよりもゴーヤーがやわらかくなるので、厚めに切るのがポイント！　たっぷり加えるかつお節で、味がきまります。

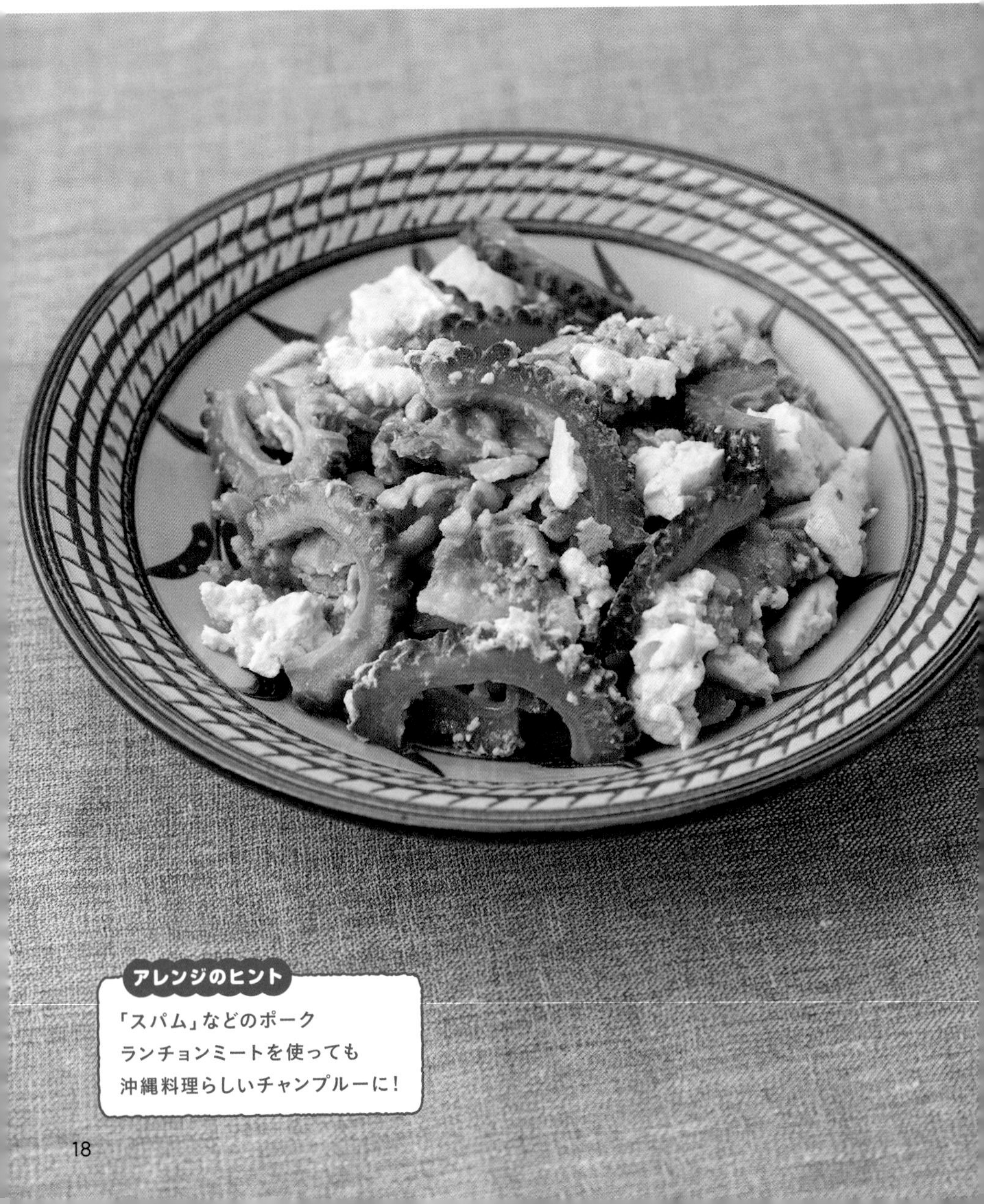

アレンジのヒント

「スパム」などのポークランチョンミートを使っても沖縄料理らしいチャンプルーに！

調理キー

メニュー ▶ カテゴリー ▶ 煮物 ▶ 肉 ▶ 豚バラ大根

HT24B HT99B HT16E 自動 ▶ 煮物2-14
HT99A 自動 ▶ 煮物1-20

材料（2〜3人分）

豚バラ薄切り肉 … 200g
ゴーヤー … 1本
木綿豆腐 … ½丁（170〜180g）
溶き卵 … 2個分
A かつお節 … 小2袋（4〜5g）
しょうゆ … 大さじ1
塩 … 小さじ½
酒 … 大さじ1

つくり方

準備

- 木綿豆腐 ➡ 重石をして10分ほど水切りし、4等分に切る。
- ゴーヤー ➡ 半分に切って種とワタを取り、8㎜厚さに切る。塩小さじ1（分量外）をまぶして5分おき、水洗いして水気をきる。
- 豚肉 ➡ 3㎝幅に切る。

調理

- 内鍋にゴーヤー、豚肉、A、豆腐の順に入れ、**調理キー**を押す。
- 調理が終わったら溶き卵をまわし入れ、加熱を3分延長する。できあがったら軽く混ぜる。

豚こま団子とピーマンの甘酢あん

豚こまに塩と片栗粉をもみ込んで丸めればゴロゴロ肉団子に!
トマトケチャップ入り甘酢あんがからんで、酢豚みたいなおいしさです。

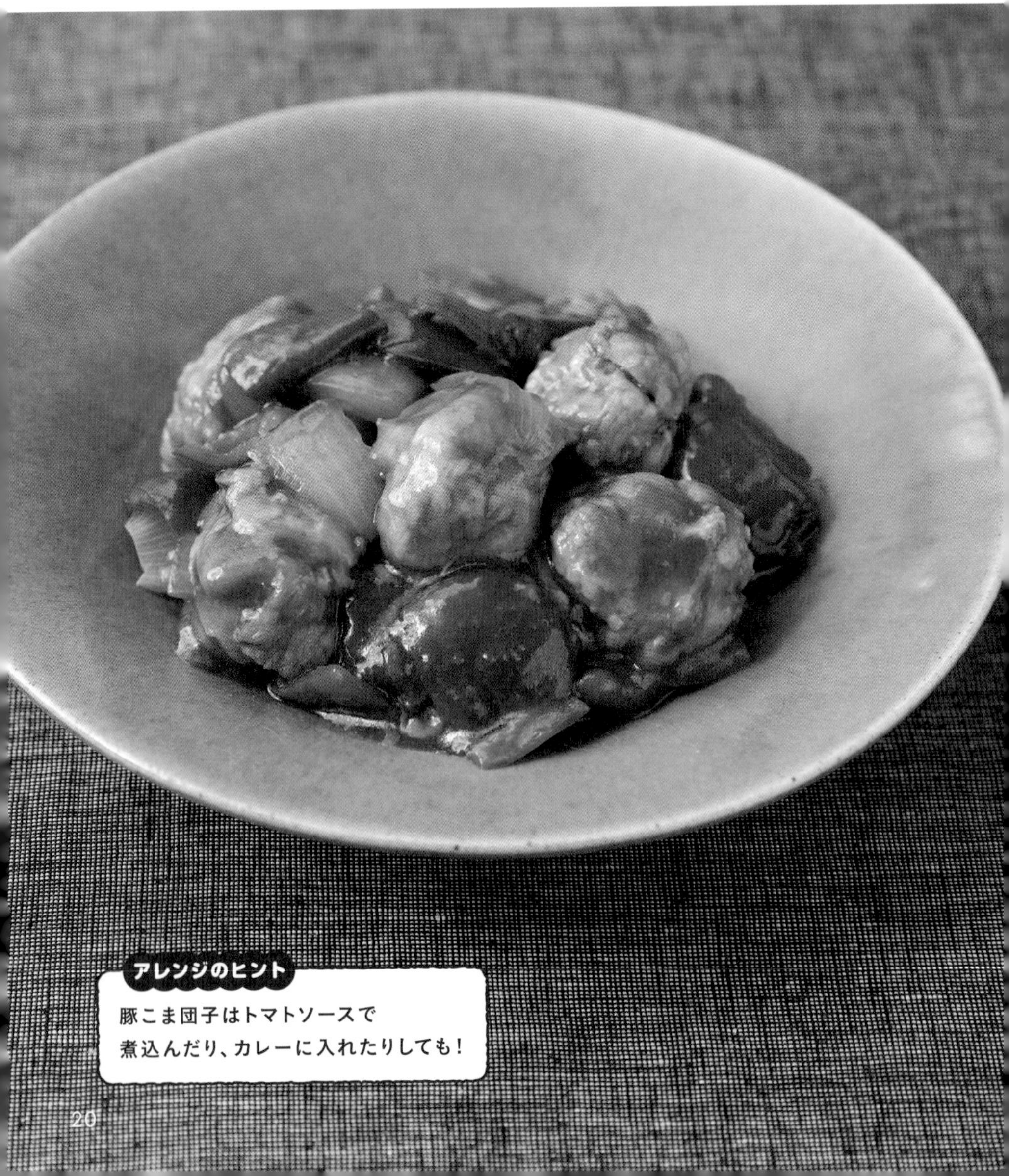

アレンジのヒント

豚こま団子はトマトソースで
煮込んだり、カレーに入れたりしても!

調理キー

メニュー ▶ カテゴリー ▶ 煮物 ▶ 魚介 ▶ さばのみそ煮

HT24B **HT99B** **HT16E** **自動 ▶ 煮物2-10**
HT99A **自動 ▶ 煮物1-9**

材料 (2〜3人分)

豚こま切れ肉 … 250g
ピーマン … 3個 (120g)
玉ねぎ … ½個
A 塩 … 少々
　片栗粉、水 … 各小さじ1
B トマトケチャップ … 大さじ2
　しょうゆ … 大さじ1
　砂糖 … 小さじ½
　水 … 大さじ1
酢 … 大さじ1

つくり方

準備

- ピーマン ➡ 縦半分に切って種を取り、3㎝角に切る。
- 玉ねぎ ➡ 3㎝角に切る。
- 豚肉 ➡ Aをもみ込んで、ピンポン玉くらいの大きさに丸め、片栗粉(分量外)を薄くまぶす。
- B ➡ 混ぜ合わせる。

調理

- 内鍋に玉ねぎを敷いて、豚こま団子をのせる。
- Bをまわし入れ、ピーマンをのせ、**調理キー**を押す。
- 調理が終わったら酢をまわし入れ、軽く混ぜてとろみを均一にする。

調理時間 20分

豚こまズッキーニのにんにく塩炒め

味つけはにんにくと塩、酒だけ。豚こまの脂をいかして
シンプルに炒めます。盛りつけたら黒こしょうをふって、パンチをきかせて！

材料（2〜3人分）

豚こま切れ肉 … 200g
ズッキーニ … 1本
にんにくの薄切り … 1片分
A 酒 … 大さじ1
　塩 … 小さじ2/3
黒こしょう … 適量

つくり方

準備

- ズッキーニ ➡ 8㎜厚さの輪切りにする。
- 豚肉 ➡ 大きければ食べやすく切り、Aをもみ込む。

調理

- 内鍋にズッキーニ、豚肉、にんにくの順に入れ、**調理キー**を押す。

仕上げ

- 器に盛り、黒こしょうをふる。

調理キー

メニュー ▶ カテゴリー ▶ 煮物 ▶ 肉 ▶ 豚バラ大根	
HT24B HT99B HT16E	自動 ▶ 煮物2-14
HT99A	自動 ▶ 煮物1-20

調理時間
20分

豚じゃがバタポン炒め

まろやかバターとさわやかポン酢の最強コラボ、ぜひ一度お試しを！
ホクホクのじゃがいもと豚肉にぴったり。やみつきになる味です。

材料（2〜3人分）

豚こま切れ肉 … 200g
じゃがいも（メークイン）
… 2〜3個（300g）
A ポン酢 … 大さじ2½
水 … 大さじ2
バター … 20g

つくり方

準備

- じゃがいも ➡ くし形切りにして軽く水にさらし、水気をきる。
- 豚肉 ➡ 大きければ食べやすく切り、Aをもみ込む。

調理

- 内鍋にじゃがいも、豚肉（もみ込んだAの残りも）の順に入れ、バターをのせて、**調理キー**を押す。

仕上げ

- 器に盛り、好みでパセリのみじん切りを散らす。

調理キー

メニュー ▶ カテゴリー ▶ 煮物 ▶ 肉 ▶ 豚バラ大根
HT24B HT99B HT16E 自動 ▶ 煮物2-14
HT99A 自動 ▶ 煮物1-20

調理時間
20分

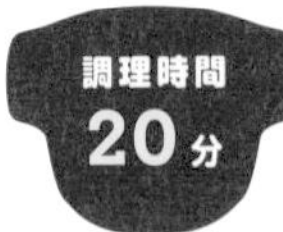

チーズ in ミートボール

とろ〜りチーズがたまらない！　トマト缶を使い切りたいのでソースがたっぷりできますが、わざと余らせてパスタソースにする作戦です。

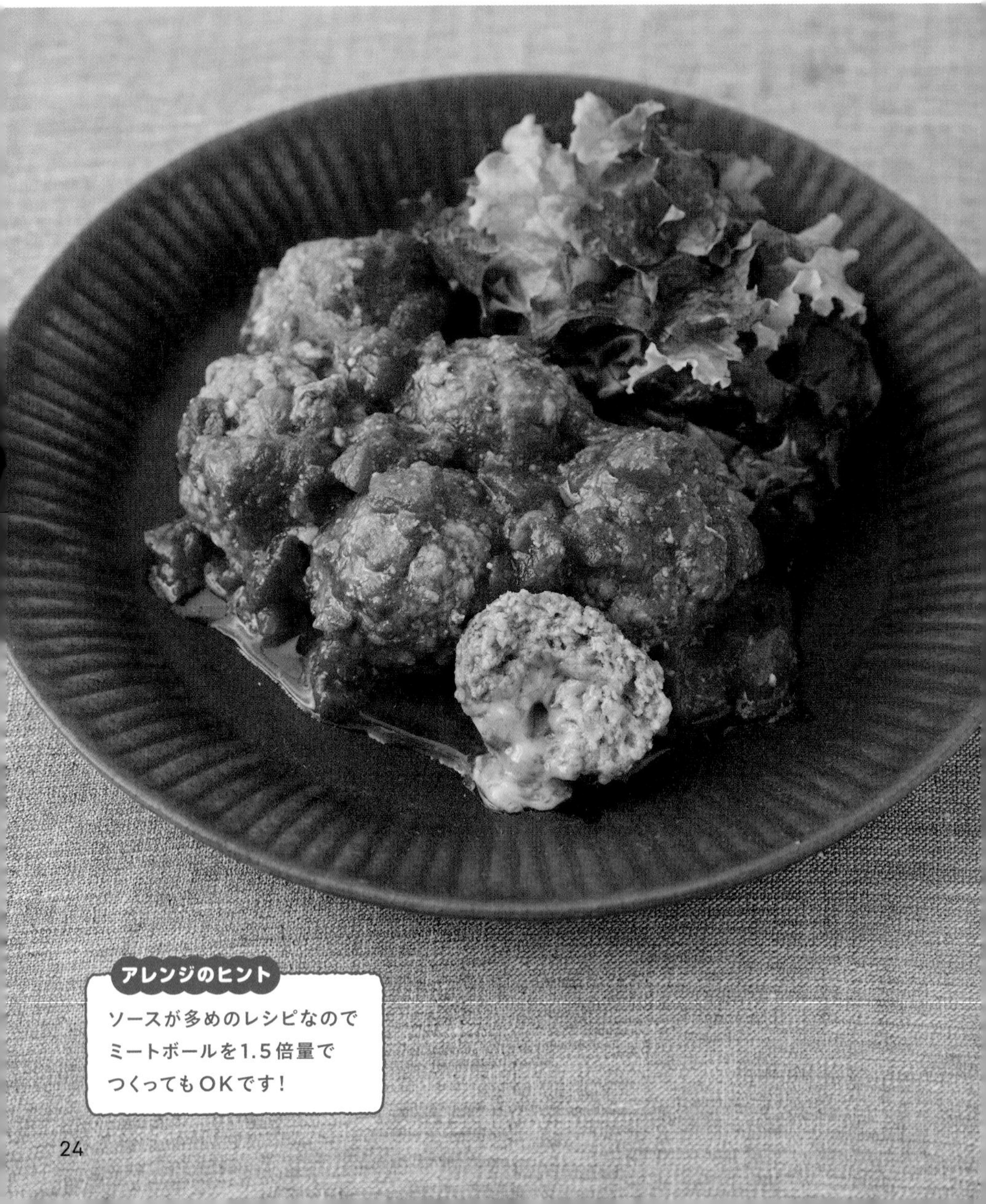

アレンジのヒント

ソースが多めのレシピなので
ミートボールを1.5倍量で
つくってもOKです！

調理キー

メニュー ▶ カテゴリー ▶ 煮物 ▶ 魚介 ▶ さばのみそ煮

HT24B HT99B HT16E 自動 ▶ 煮物2-10
HT99A 自動 ▶ 煮物1-9

材料（2〜3人分）

豚ひき肉 … 300g
パン粉 … 1/4カップ（10g）
牛乳 … 大さじ3
ピザ用チーズ … 50g
A 塩 … 少々
ナツメグ（あれば） … 少々
B カットトマト水煮（缶） … 1缶（400g）
ウスターソース … 大さじ2
みりん … 大さじ1

BEFORE

AFTER

ソースが多めに
できるので
余りはパスタソースに！

つくり方

準備

- パン粉 ➡ 牛乳でふやかす。
- 豚肉 ➡ Aを混ぜてよくこねてから、ふやかしたパン粉を加えてさらにこねる。6等分して、チーズを等分に中に入れて丸める。
- B ➡ 混ぜ合わせる。

調理

- 内鍋にBを半量入れ、ミートボールを並べる。残りのBをまわし入れ、**調理キー**を押す。

仕上げ

- 器に盛り、好みでサニーレタスを添える。

白菜と肉団子の煮込み

コトコトやさしく煮込んで甘みを増した白菜と、ふんわり肉団子。
鶏ガラ＋みその旨味の相乗効果でじんわりとしみる味になります！

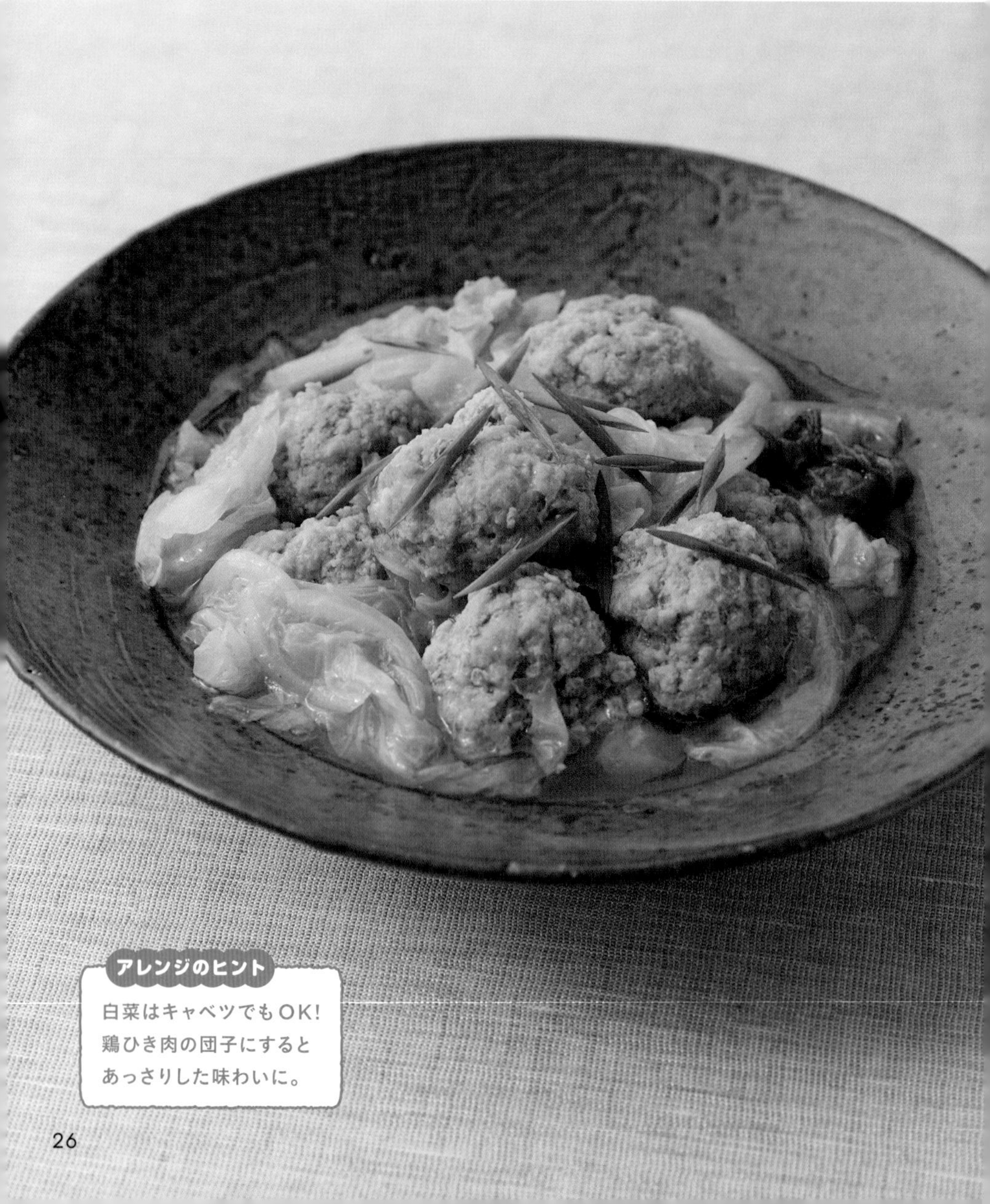

アレンジのヒント

白菜はキャベツでもOK！
鶏ひき肉の団子にすると
あっさりした味わいに。

調理キー

メニュー ▶ カテゴリー ▶ 煮物 ▶ 魚介 ▶ さばのみそ煮

HT24B HT99B HT16E 自動 ▶ 煮物2-10

HT99A 自動 ▶ 煮物1-9

材料（2〜3人分）

白菜 … 5枚（400g）

A 豚ひき肉 … 250g
おろししょうが … 小さじ1
片栗粉 … 大さじ1
塩 … 小さじ¼
白こしょう … 少々

B みそ … 大さじ1½
鶏ガラスープの素（顆粒）… 小さじ1
塩 … 小さじ⅓
水 … 400mℓ

肉団子を
白菜の軸と葉で
サンドして蒸し煮に！

AFTER

つくり方

準備

- 白菜 ➡ 軸の部分は3㎝幅のそぎ切り、葉の部分はざく切りにする。
- A ➡ ボウルでよく混ぜ合わせたら８等分し、丸める。
- B ➡ 混ぜ合わせる。

調理

- 内鍋に白菜の軸、肉団子、B、白菜の葉の順に入れて加熱する。
- 調理が終わったら、軽く混ぜる。

仕上げ

- 器に盛り、好みで小ねぎの斜め切りを散らす。

調理時間 20分

麻婆(マーボー)大根

大根好きにはたまらない!? にんにくとしょうがをきかせた
ピリ辛味のそぼろがからんで、豆腐とはひと味違ったおいしさ!

材料 (2〜3人分)

豚ひき肉 … 250g
大根 … ⅓本(300g)

A
- 長ねぎのみじん切り… 8cm分
- にんにくのみじん切り … 1片分
- しょうがのみじん切り … 1かけ分
- しょうゆ、酒 … 各大さじ1
- みそ、豆板醤 … 各小さじ1
- 砂糖 … 小さじ½

つくり方

準備

- 大根 ➡ 5mm厚さのいちょう切りにする。
- 豚肉 ➡ Aをもみ込む。

調理

- 内鍋に大根、豚肉(もみ込んだAの残りも)の順に入れ、**調理キー**を押す。

仕上げ

- 器に盛って、好みでラー油をまわしかけ、小ねぎの小口切りを散らす。

調理キー

メニュー ▸ カテゴリー ▸ 煮物 ▸ 肉 ▸ 豚バラ大根
HT24B HT99B HT16E 自動 ▸ 煮物2-14
HT99A 自動 ▸ 煮物1-20

調理時間
30分

チリビーンズ

トマトシチュー感覚で食べたい、やさしい味のチリビーンズ。
ごはんにかけてチーズを散らし、タコライス風にしても！

材料（つくりやすい分量）

豚ひき肉 … 150g
玉ねぎ … 1個
にんにくのみじん切り … 1片分
ゆで大豆（缶）… 1缶（120g）
A カットトマト水煮（缶）… 1缶（400g）
洋風スープの素（顆粒）… 大さじ½
砂糖、一味唐辛子 … 各小さじ1
塩、黒こしょう … 各少々

つくり方

準備

- 玉ねぎ ➡ 粗みじん切りにする。
- A ➡ 混ぜ合わせる。

調理

- 内鍋に玉ねぎ、豚肉、にんにく、大豆、Aの順に入れ、**調理キー**を押す。

仕上げ

- 器に盛り、好みでパセリのみじん切りを散らす。

調理キー

メニュー ▶ カテゴリー ▶ 煮物 ▶ 佃煮・ソース ▶ ミートソース
HT24B HT99B HT16E 自動 ▶ 煮物2-9
HT99A 自動 ▶ 煮物1-19

調理時間
20分

せん切り野菜の蒸ししゃぶ

シャキシャキ食感の野菜と豚しゃぶをシンプルに重ねただけなのに
なんでこんなにおいしいの!?　甘じょっぱいマヨごまダレがベストマッチ。

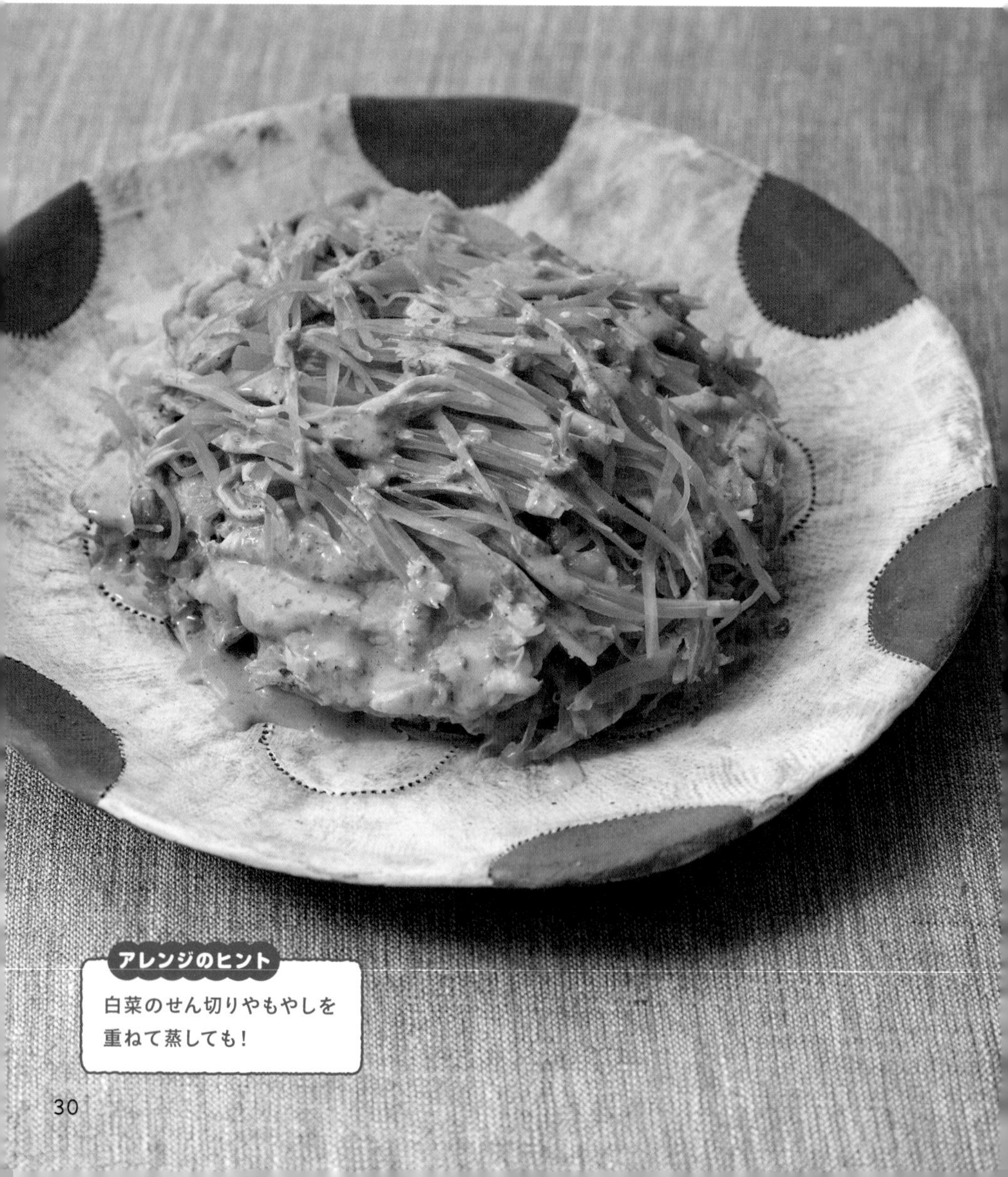

アレンジのヒント

白菜のせん切りやもやしを
重ねて蒸しても!

調理キー

メニュー ▶ カテゴリー ▶ 煮物 ▶ 魚介 ▶ さばのみそ煮

HT24B HT99B HT16E 自動 ▶ 煮物2-10
HT99A 自動 ▶ 煮物1-9

材料（2〜3人分）

豚ロースしゃぶしゃぶ用 … 200g
キャベツ … 大5枚（200g）
にんじん … ½本（80g）
A マヨごまダレ
マヨネーズ … 大さじ3
しょうゆ、砂糖 … 各小さじ1½
白すりごま … 大さじ1
水 … 小さじ1

つくり方

準備

- キャベツ、にんじん ➡ せん切りにする。
- Aのマヨごまダレ ➡ 混ぜ合わせる。

調理

- 内鍋にキャベツ、豚肉、にんじん、豚肉、キャベツ、豚肉、にんじんの順に重ねて、**調理キー**を押す。

仕上げ

- 器に盛り、マヨごまダレをかける。

なすと豚しゃぶのミルフィーユ蒸し

薄切りのなすと豚しゃぶを交互に重ねただけなのに、見映えも抜群。
さっぱりしたおろしダレをたっぷりのせて食べるのが最高です！

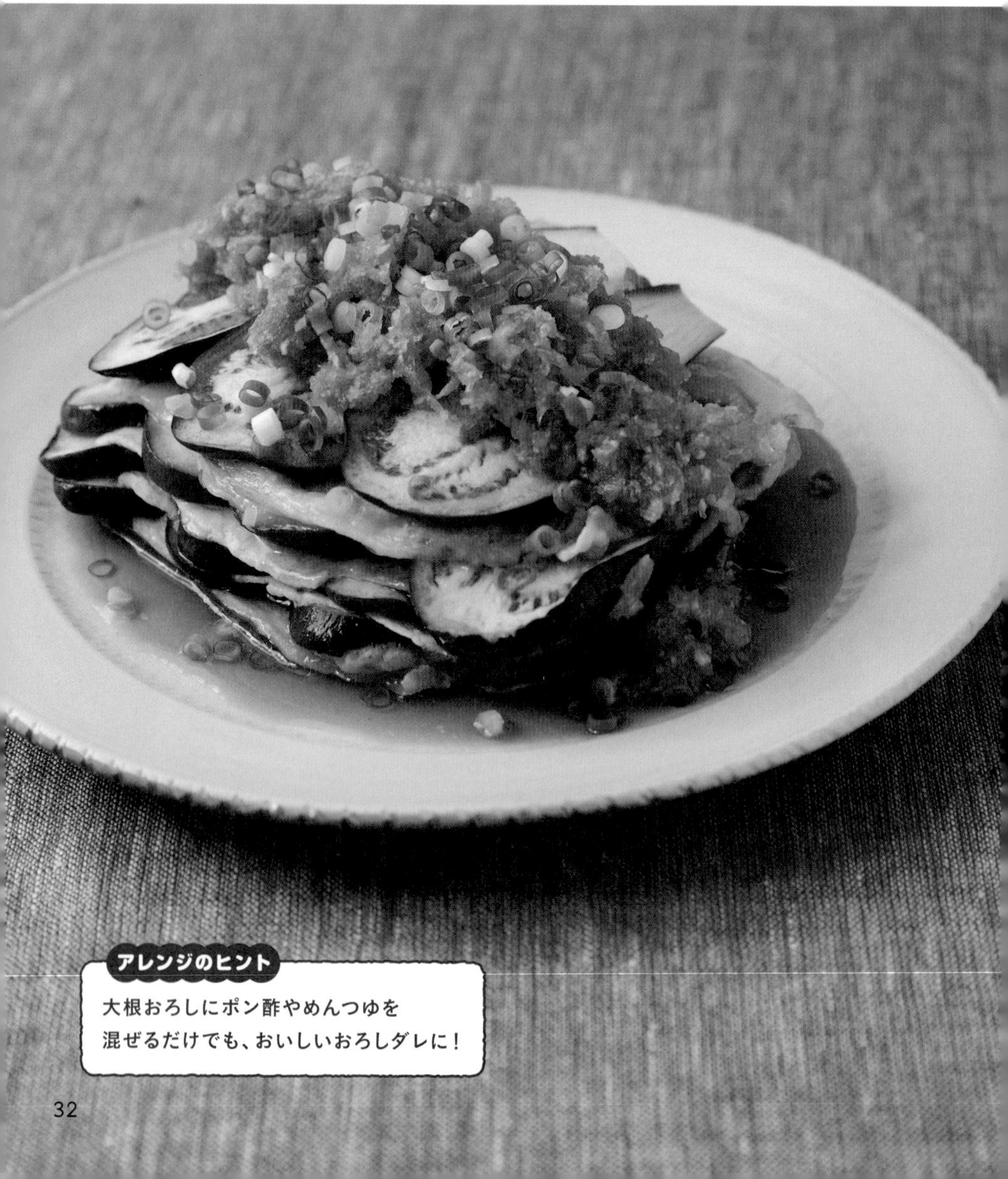

アレンジのヒント

大根おろしにポン酢やめんつゆを
混ぜるだけでも、おいしいおろしダレに！

調理キー

メニュー ▶ カテゴリー ▶ 煮物 ▶ 魚介 ▶ さばのみそ煮

HT24B HT99B HT16E 自動 ▶ 煮物2-10
HT99A 自動 ▶ 煮物1-9

材料（2～3人分）

豚ロースしゃぶしゃぶ用 … 200g
なす … 3本（240g）
A おろしダレ
水気をきった大根おろし … 150g
しょうゆ … 大さじ2½
砂糖 … 大さじ1
酢 … 小さじ1
小ねぎの小口切り … 適量

つくり方

準備

- なす ➡ 縦に5㎜厚さに切る。
- Aのおろしダレ ➡ 混ぜ合わせる。

調理

- 内鍋になす、豚肉、なす、豚肉、なす、豚肉、なすの順に重ねて、**調理キー**を押す。

仕上げ

- 器に盛り、おろしダレをかけて、小ねぎを散らす。

調理時間
20分

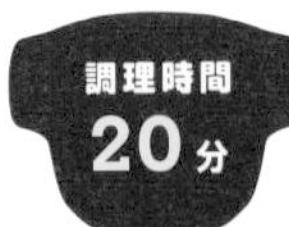

ウスターポーク

しょうが焼き用の豚ロースを使った、がっつり食べごたえのある一皿。
これは絶対、キャベツのせん切りと一緒に味わうのがおすすめ！

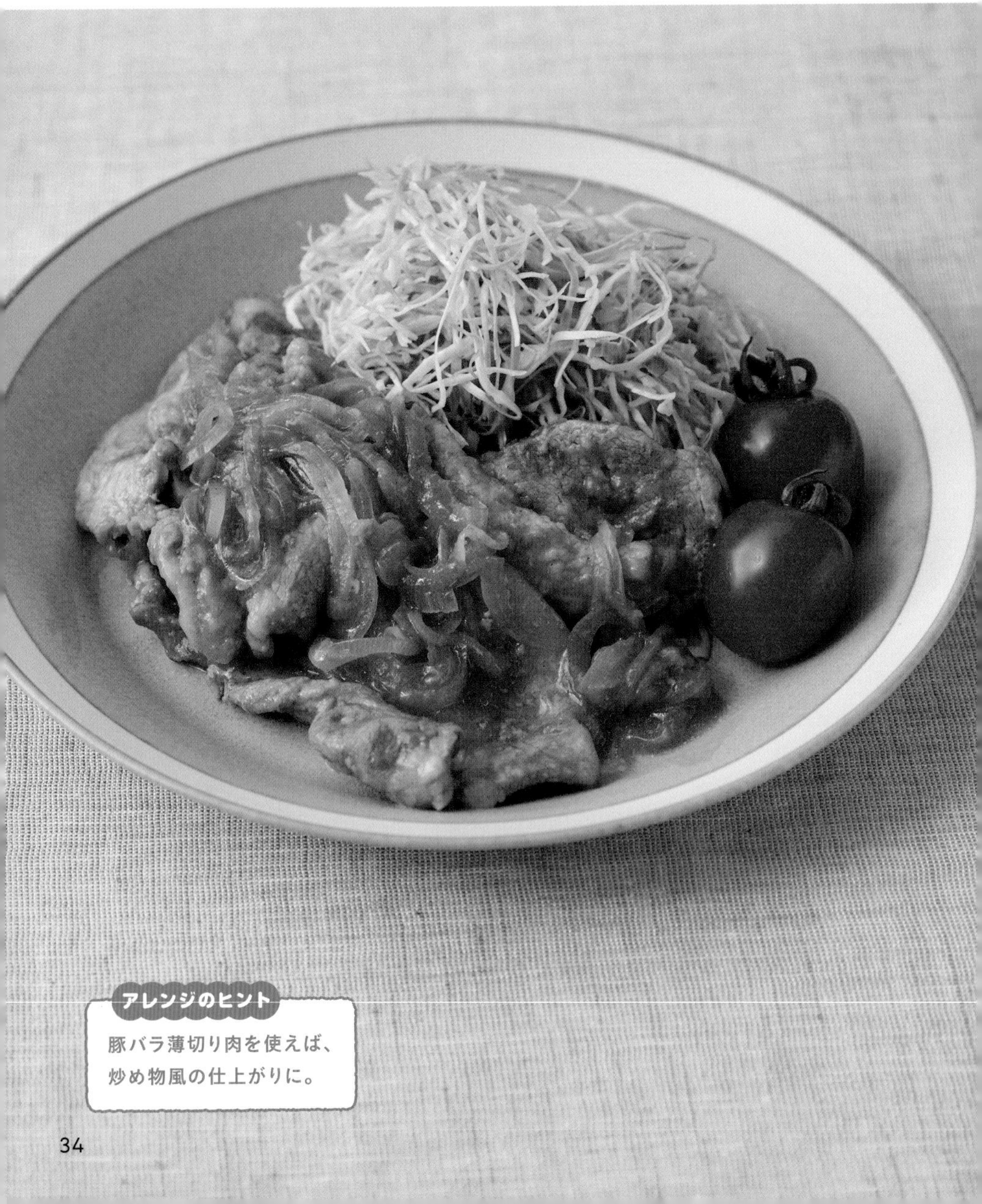

アレンジのヒント

豚バラ薄切り肉を使えば、
炒め物風の仕上がりに。

調理キー

メニュー ▶ カテゴリー ▶ 煮物 ▶ 魚介 ▶ さばのみそ煮

HT24B HT99B HT16E 自動 ▶ 煮物2-10
HT99A 自動 ▶ 煮物1-9

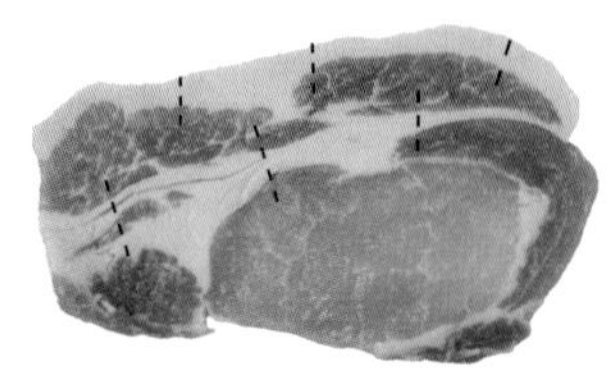

脂と赤身の境目の点線部分を筋切りすると
肉が反り返ったり、縮んだりしにくくなります。
包丁で刺すようにして切ってください。

材料（2人分）

豚ロースしょうが焼き用 … 6枚
玉ねぎ … ½個
薄力粉 … 適量
A ウスターソース … 大さじ3
　みりん … 小さじ1

つくり方

準備

- 玉ねぎ ➡ 繊維を断つように薄切りにする。
- 豚肉 ➡ 豚肉を筋切りし、薄力粉を薄くまぶしてAをからめる。

調理

- 内鍋に玉ねぎ、豚肉（からめたAの残りも）の順に入れ、**調理キー**を押す。
- 調理が終わったら、軽く混ぜる。

仕上げ

- 器に盛り、好みでキャベツのせん切り、ミニトマトを添える。

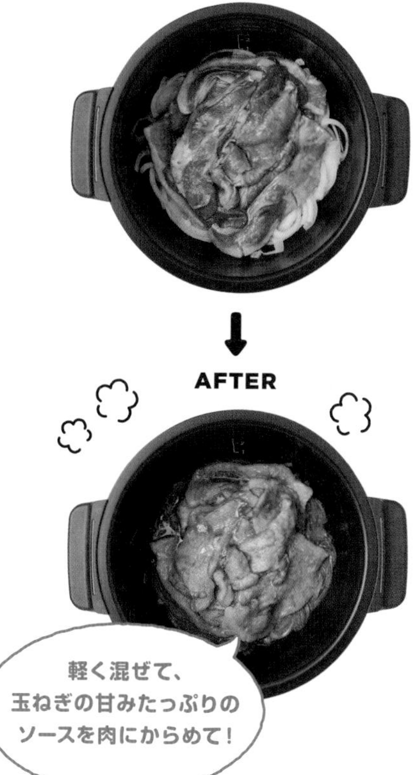

調理時間
20分

ポークチャップ

甘めのケチャップ味がごはんによく合う、定番の洋食おかず。
ピーマンやにんじんも加わって、野菜もバランスよく食べられます。

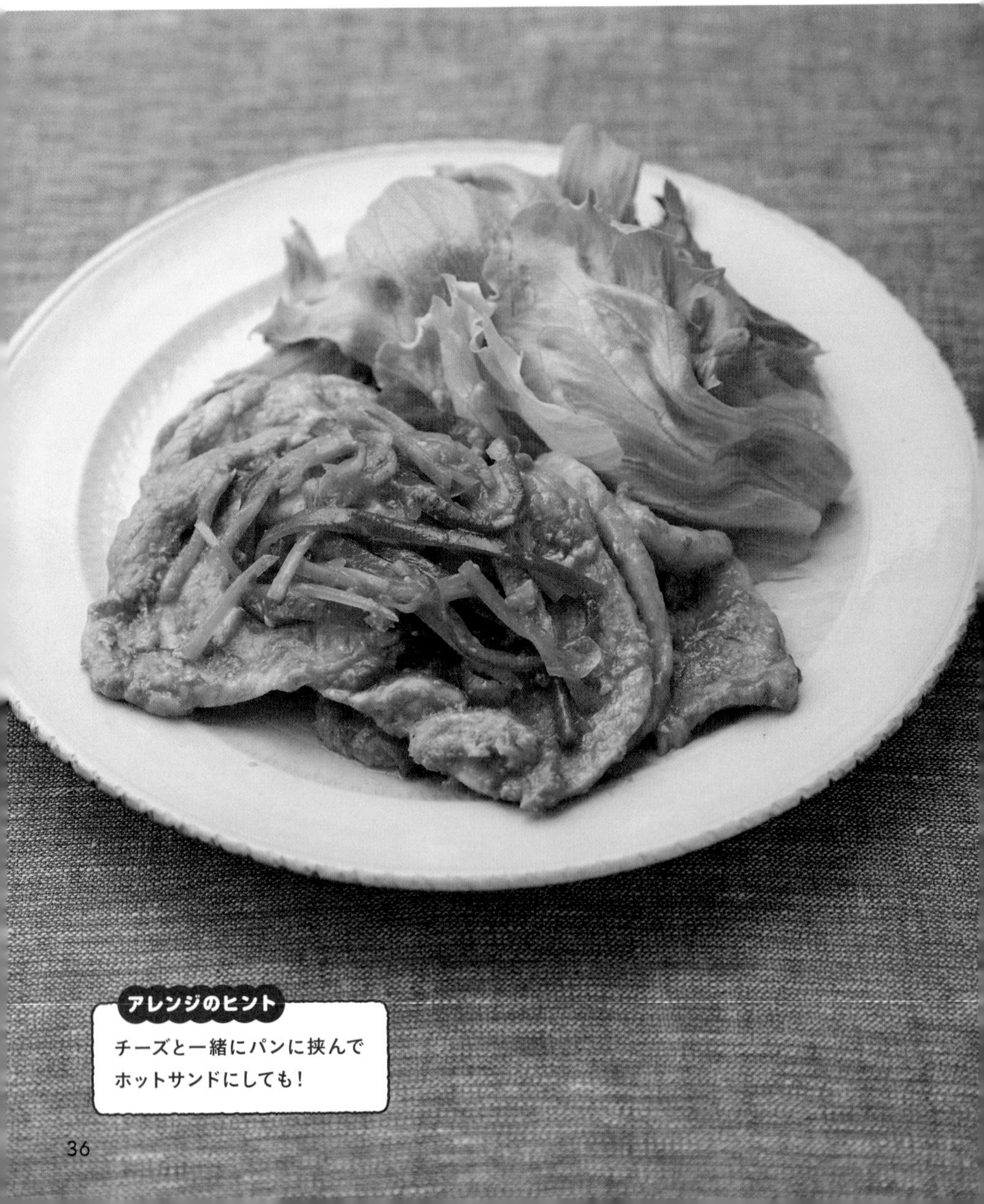

アレンジのヒント

チーズと一緒にパンに挟んで
ホットサンドにしても！

調理キー

メニュー ▶ カテゴリー ▶ 煮物 ▶ 魚介 ▶ さばのみそ煮

HT24B HT99B HT16E 自動 ▶ 煮物2-10
HT99A 自動 ▶ 煮物1-9

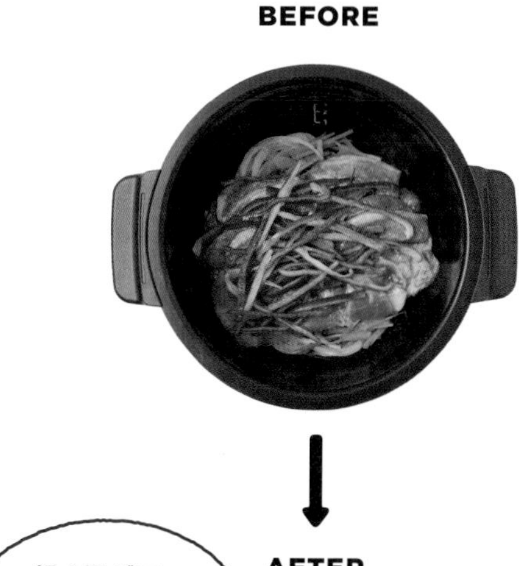

材料 (2人分)

豚ロースしょうが焼き用 … 6枚
玉ねぎ … 1/4個
にんじん … 1/6本(25g)
ピーマン … 1個
薄力粉 … 適量
A トマトケチャップ … 大さじ4
ウスターソース、酒 … 各大さじ1 1/3
しょうゆ … 小さじ1

つくり方

準備

- 玉ねぎ ➡ 繊維に沿って薄切りにする。
- にんじん、ピーマン ➡ せん切りにする。
- 豚肉 ➡ 豚肉を筋切りし(35ページ参照)、薄力粉を薄くまぶしてAをからめる。

調理

- 内鍋に玉ねぎ、にんじん、豚肉(からめたAの残りも)、ピーマンの順に入れ、**調理キー**を押す。
- 調理が終わったら、軽く混ぜる。

仕上げ

- 器に盛り、好みでレタスを添える。

調理時間
65分

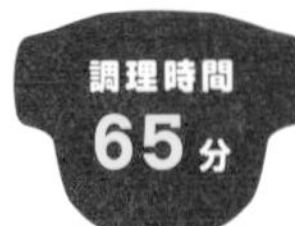

和風やわらか煮豚

ホットクックの「おでん」キーの絶妙な加熱は、煮豚にぴったり。
材料を放り込んでスイッチポンで、こんなにおいしいなんて感動！

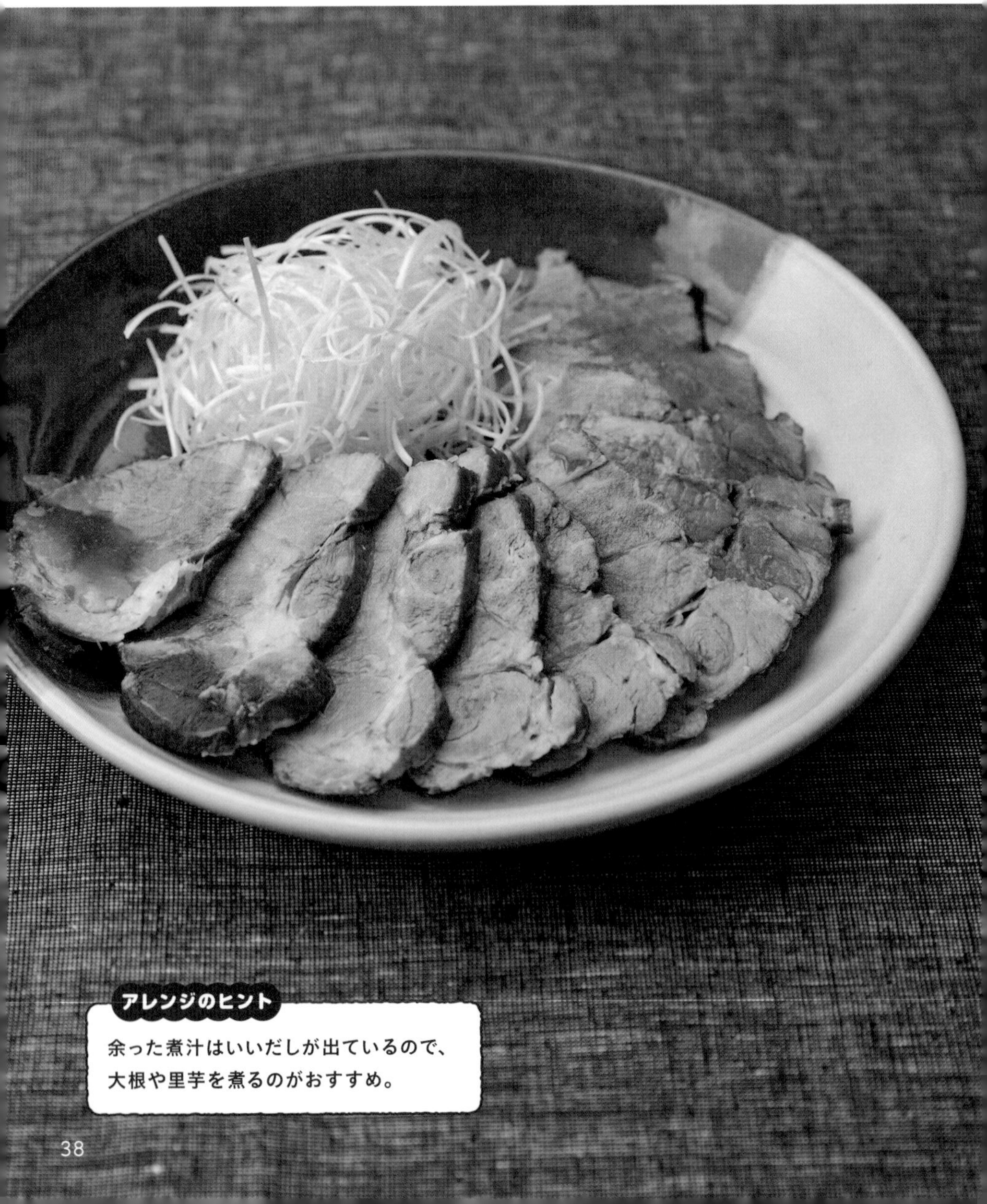

アレンジのヒント

余った煮汁はいいだしが出ているので、
大根や里芋を煮るのがおすすめ。

調理キー

メニュー ▶ カテゴリー ▶ 煮物 ▶ おでん ▶ おでん

HT24B HT99B HT16E 自動 ▶ 煮物2-12
HT99A 自動 ▶ 煮物1-4

材料（つくりやすい分量）

豚肩ロースブロック … 500～700g
長ねぎの青い部分 … 1本分
しょうがの薄切り … 1かけ分
A しょうゆ … 100mℓ
みりん、酒 … 各50mℓ
砂糖 … 大さじ2
水 … 200mℓ

※2.4ℓタイプでつくる場合は、Aの煮汁の量を1.5倍に増やすか、豚肩ロースブロックを2本に増やしてください。

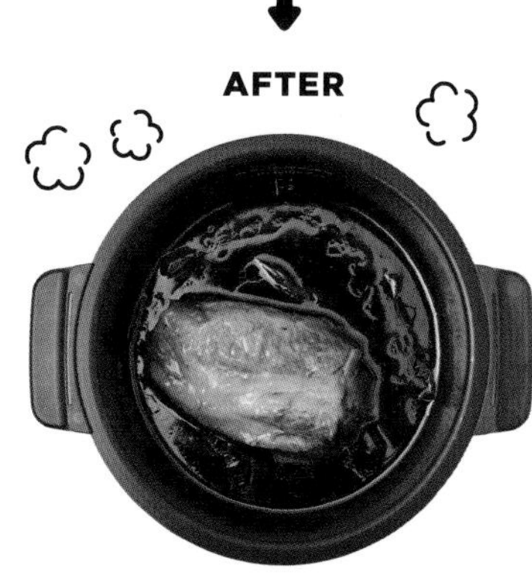

つくり方

調理

- 内鍋に長ねぎ、しょうが、豚肉、Aの順に入れ、**調理キー**を押す。
- 調理が終わったら、豚肉を返して冷ましながら味をなじませる（ファスナー付き保存袋にタレごと入れて、冷蔵庫でひと晩ねかせると、さらに味がしみる）。

仕上げ

- 食べやすい厚さに切って器に盛り、好みで白髪ねぎを添える。

味たま入り中華風煮豚

オイスターソースとにんにくをきかせて煮込んだ、チャーシュー風の煮豚もまた絶品。煮汁がシミシミの味たまも、お肉に負けない旨さ！

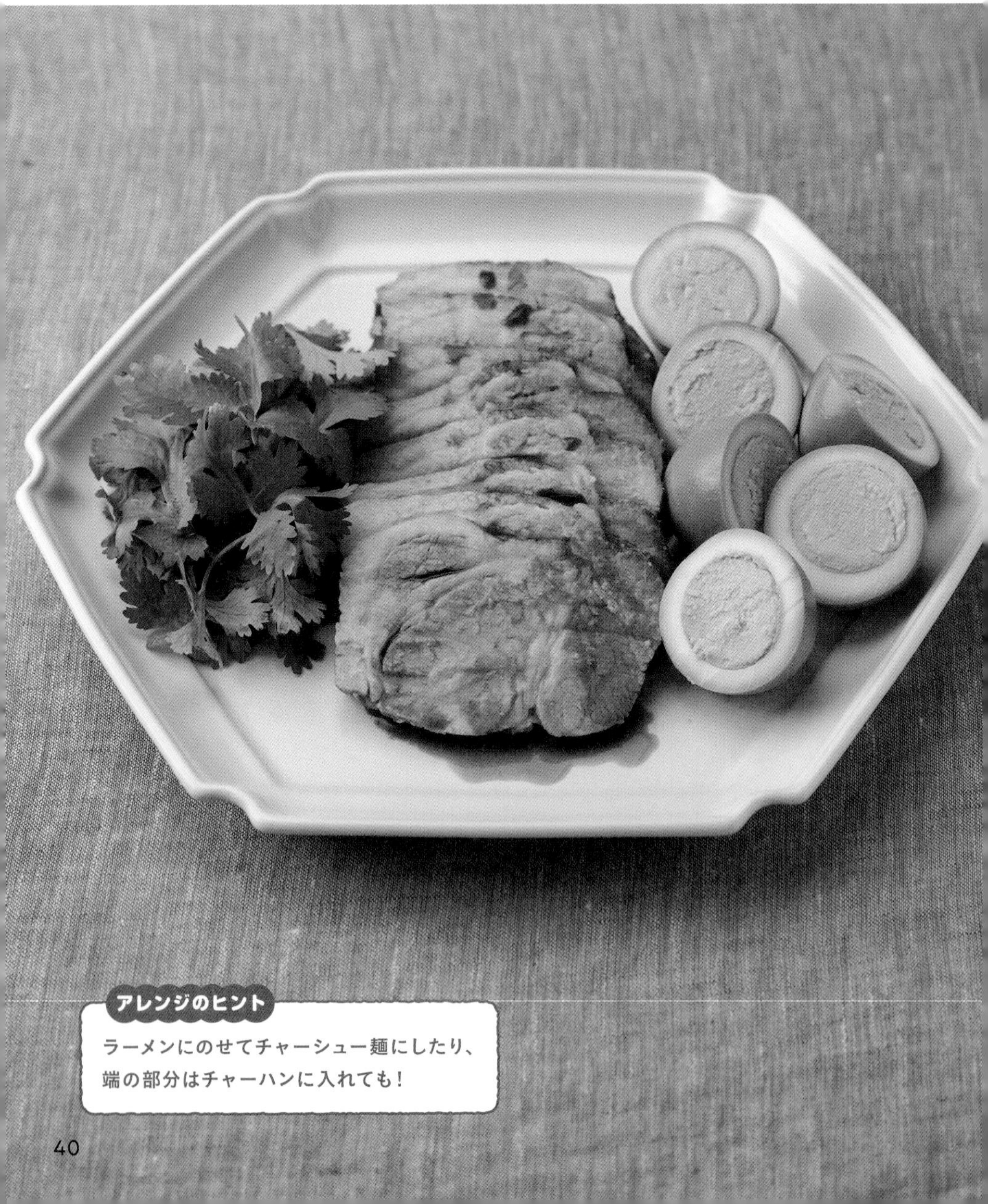

アレンジのヒント

ラーメンにのせてチャーシュー麺にしたり、端の部分はチャーハンに入れても！

調理キー

メニュー ▶ カテゴリー ▶ 煮物 ▶ おでん ▶ おでん

HT24B HT99B HT16E 自動 ▶ 煮物2-12
HT99A 自動 ▶ 煮物1-4

材料（つくりやすい分量）

豚肩ロースブロック … 500～700g
長ねぎの青い部分 … 1本分
しょうがの薄切り … 1かけ分
にんにく（縦半分に切って軽くつぶす）… 1片分
A しょうゆ … 75mℓ
砂糖 … 大さじ3
オイスターソース … 大さじ2
酒 … 100mℓ
水 … 200mℓ
ゆで卵（殻をむく）… 3個

※2.4ℓタイプでつくる場合は、Aの煮汁の量を1.5倍に増やすか、豚肩ロースブロックを2本に増やしてください。

BEFORE

AFTER

つくり方

調理

- 内鍋に長ねぎ、しょうが、にんにく、豚肉、Aの順に入れ、**調理キー**を押す。
- 調理が終わったら、豚肉を返してゆで卵を入れ、冷ましながら味をなじませる。卵は色づきを見ながら、ときどき向きを変える。

仕上げ

- 煮豚は食べやすい厚さに切り、卵は半分に切る。器に盛り、好みでパクチーを添える。

肉巻き厚揚げ

見た目は地味ですが、肉の旨味を受け止めた厚揚げが
じゅわっと美味。ヘルシーなのに食べごたえはしっかり!

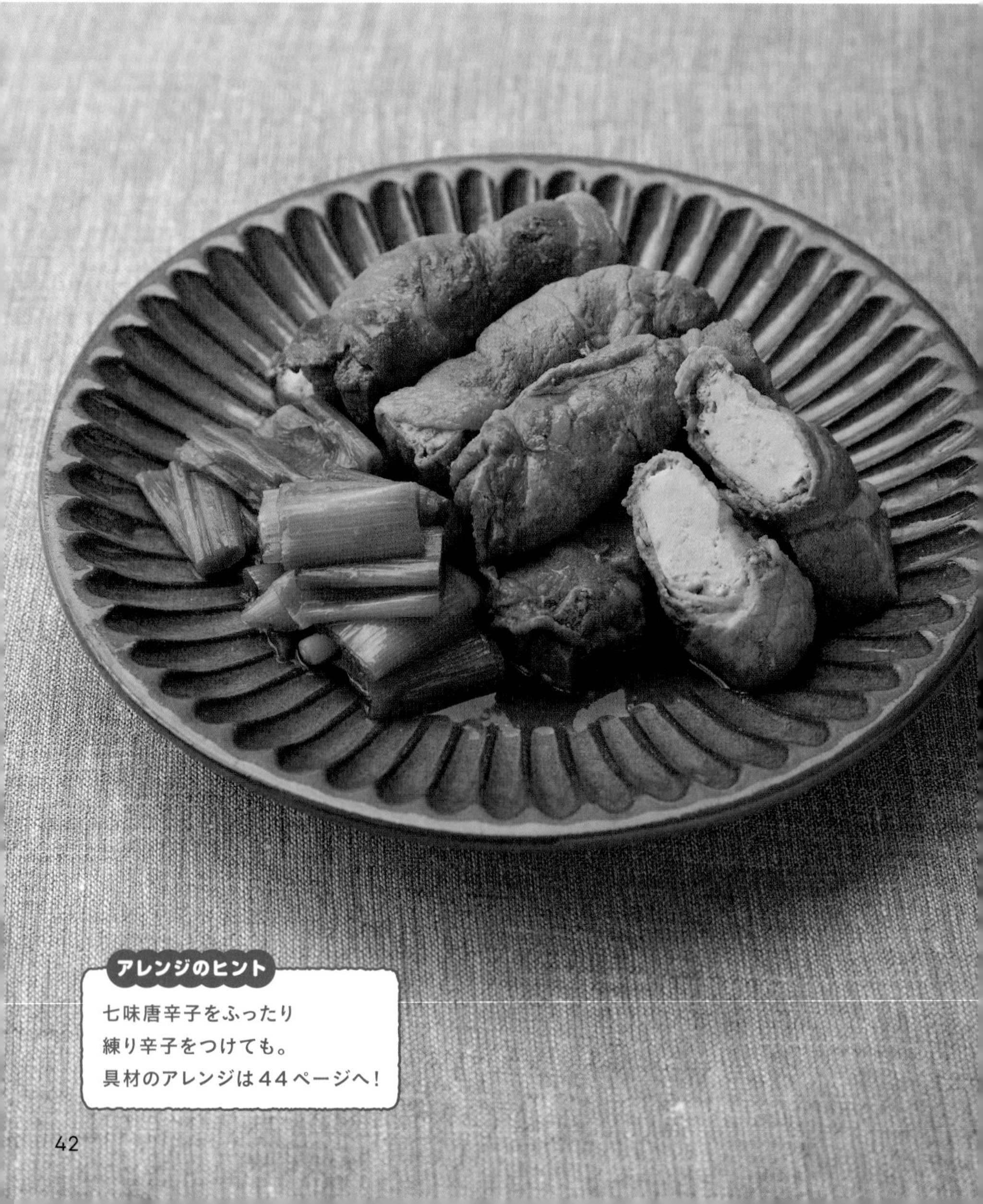

アレンジのヒント

七味唐辛子をふったり
練り辛子をつけても。
具材のアレンジは44ページへ!

調理キー

メニュー ▶ カテゴリー ▶ 煮物 ▶ 魚介 ▶ さばのみそ煮

HT24B HT99B HT16E 自動 ▶ 煮物2-10
HT99A 自動 ▶ 煮物1-9

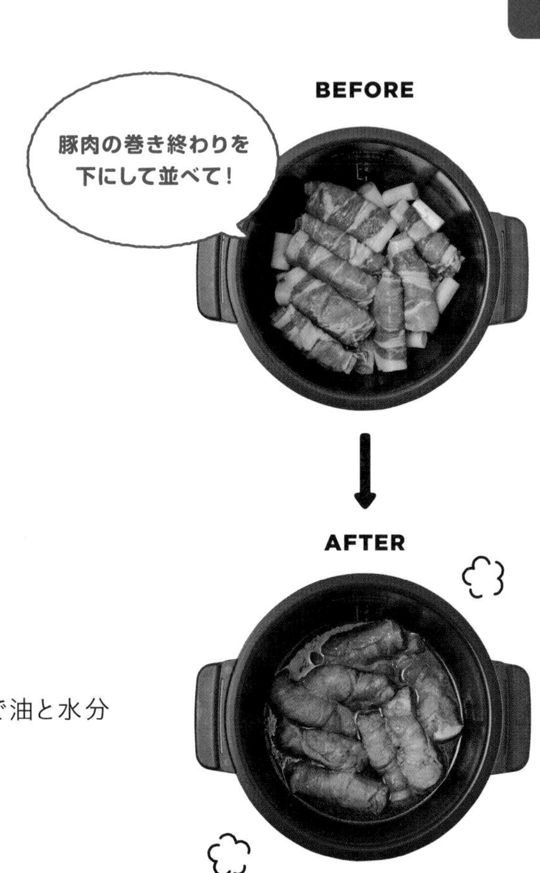

材料（2～3人分）

豚ロース薄切り肉 … 8枚
厚揚げ … 1枚
長ねぎ … 1本
A 砂糖 … 大さじ1
酒、みりん … 各大さじ1
しょうゆ … 大さじ2
水 … 50㎖

つくり方

準備

- 長ねぎ ➡ 3㎝長さに切る。
- 厚揚げ ➡ キッチンペーパーで油と水分をおさえて、8等分に切る。
- 豚肉 ➡ 厚揚げを巻く。

調理

- 内鍋に長ねぎ、厚揚げを巻いた豚肉、Aの順に入れ、**調理キー**を押す。
- 調理が終わったら、豚肉を返して5分以上おき、余熱で味をなじませる。

肉巻きは 具材でアレンジ！

42ページの「肉巻き厚揚げ」は、巻く具材を変えればどんどんバリエーションが広がるレシピ。おすすめアレンジをご紹介！

アレンジ①

肉巻きオクラ

ガクをむいたオクラを生のまま豚ロース薄切り肉で巻いて、「肉巻き厚揚げ」と同様に加熱すればOK!　切り口が星の形になるので、お弁当でも映えます。同じ緑の野菜なら、アスパラガスやさやいんげんなどもアリ!

アレンジ②

肉巻き長芋

太めの拍子木切りにした長芋を生のまま豚ロース薄切り肉で巻いて加熱します。シャクッホクッとした食感が、豚肉によく合います。同じ白い野菜なら、コリコリ食感のエリンギやシャキシャキのもやしでも!

アレンジ③

肉巻きにんじん

彩りのきれいなにんじんは、肉巻きの具材にぴったり。火が通りやすいように、細めの拍子木切りにしてから巻くのがポイントです。にんじんと一緒にさやいんげんを巻いても、断面がカラフルになって楽しいのでおすすめ。

みんな大好き「鶏肉おかず」

部位によってさまざまな味わいを楽しめる鶏肉。
適度な脂としっかりした旨味のある「もも肉」、
あっさりヘルシーな「むね肉」や「ささみ」、
やさしい味わいの「ひき肉」。
「手羽元」と「手羽先」は骨からもしっかり
旨味たっぷりのだしが出るので、煮込み料理の
得意なホットクックにぴったりの部位です。
この章では、それぞれの特長をいかしたレシピをご紹介。
蒸し台を使って蒸し上げる「茶わん蒸し」や
低温調理でしっとり仕上げる
豊富な味つけバリエの「サラダチキン」なども、
すべてほったらかしでホットクックにおまかせ！

鶏団子とブロッコリーのカレークリーム煮

生クリームを使わず、牛乳だけでこんなにクリーミー！
ほんのりスパイシーな香りも、鶏団子とブロッコリーに合います。

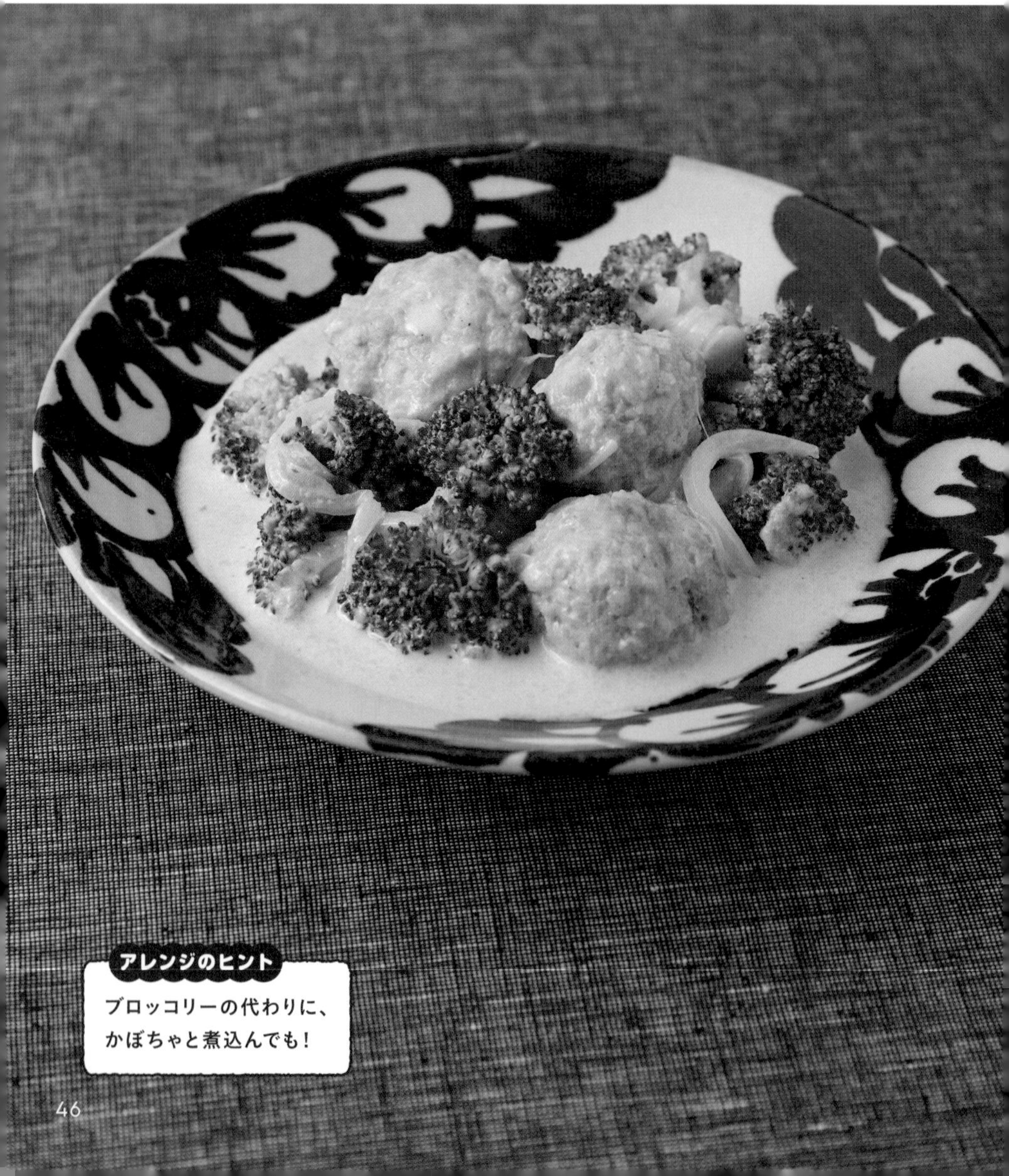

アレンジのヒント

ブロッコリーの代わりに、
かぼちゃと煮込んでも！

調理キー

メニュー ▶ カテゴリー ▶ 煮物 ▶ 魚介 ▶ さばのみそ煮

HT24B HT99B HT16E 自動 ▶ 煮物2-10
HT99A 自動 ▶ 煮物1-9

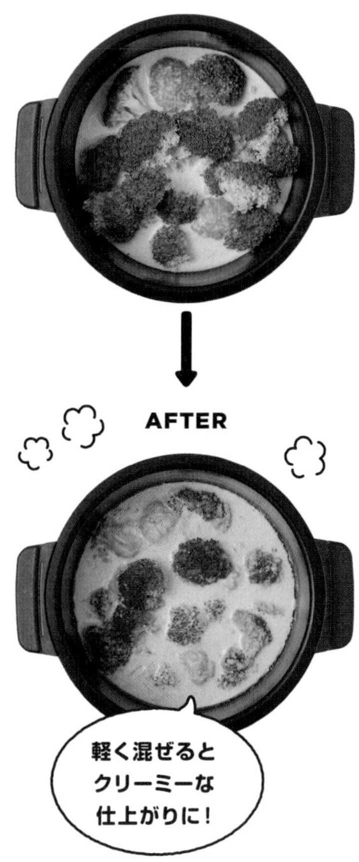

材料（2〜3人分）

ブロッコリー … 1株
玉ねぎ … ½個
片栗粉（玉ねぎ用）… 大さじ1
A 鶏ひき肉 … 250g
塩、白こしょう … 各少々
酒、片栗粉 … 各小さじ1
B 牛乳 … 400mℓ
カレー粉、洋風スープの素（顆粒）… 各大さじ1

つくり方

準備

- ブロッコリー ➡ 小房に分ける。
- 玉ねぎ ➡ 繊維に沿って薄切りにし、片栗粉をまぶす。
- A ➡ ボウルでよく混ぜ合わせたら6等分し、丸める
- B ➡ 混ぜ合わせる。

調理

- 内鍋に玉ねぎ、鶏団子、ブロッコリー、Bの順に入れ、**調理キー**を押す。
- 調理が終わったら、軽く混ぜてとろみを均一にする。

調理時間
20分

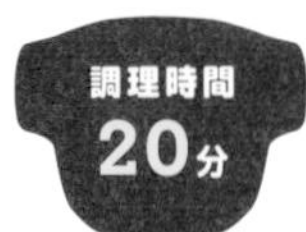

鶏ひき肉と卵の親子茶巾煮

昔ながらの素朴なおかずですが、油揚げにしみた煮汁がじゅわっとおいしい！　おいなりさん用の油揚げを使うと開きやすいです。

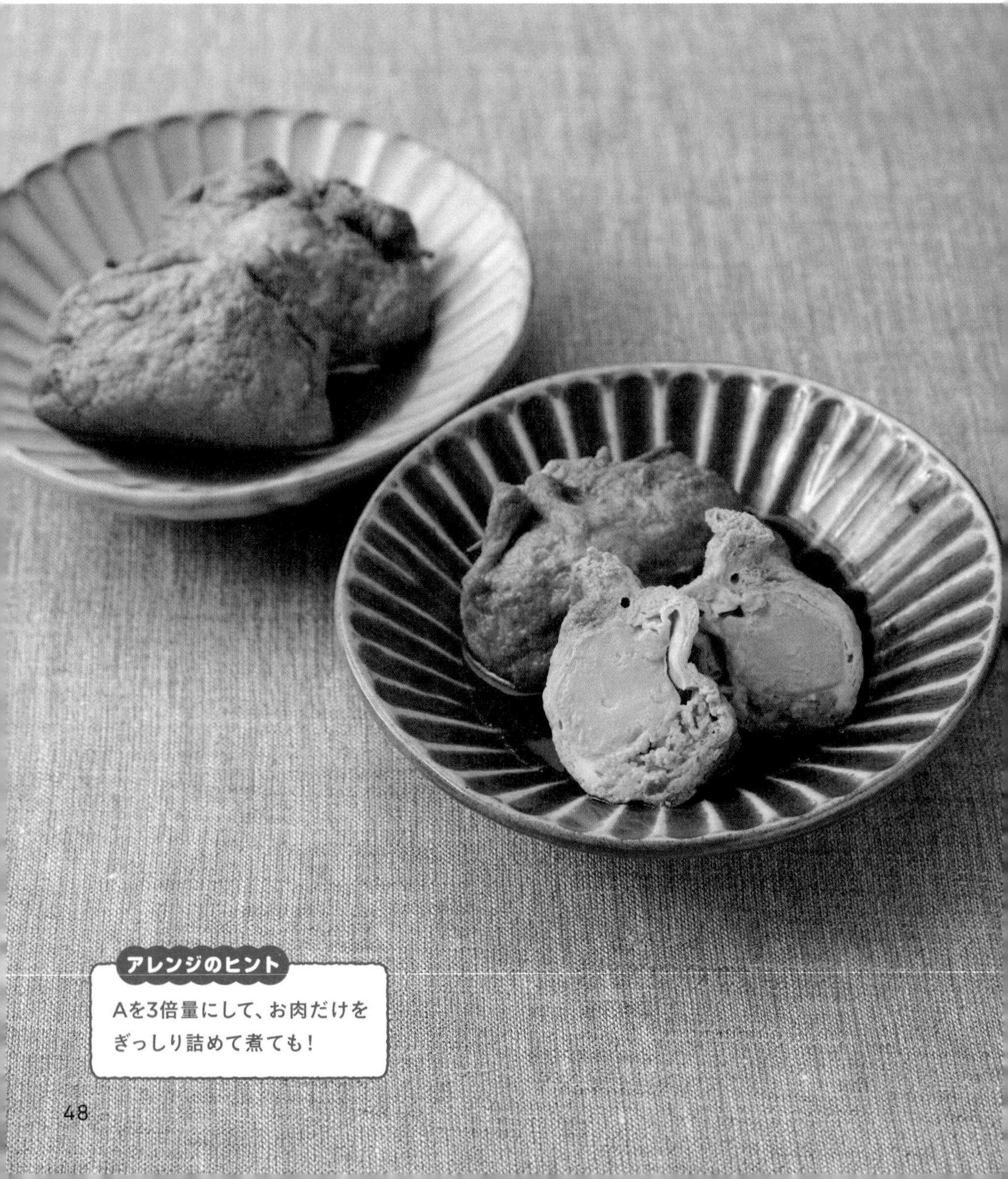

アレンジのヒント

Aを3倍量にして、お肉だけをぎっしり詰めて煮ても！

調理キー

メニュー ▶ カテゴリー ▶ 煮物 ▶ 魚介 ▶ さばのみそ煮

HT24B **HT99B** **HT16E** **自動 ▶ 煮物2-10**
HT99A **自動 ▶ 煮物1-9**

材料（3人分）

油揚げ … 3枚
卵 … 6個
A 鶏ひき肉 … 120g
長ねぎのみじん切り … 5cm分
しょうゆ … 小さじ½
塩 … 少々
水 … 大さじ2
B しょうゆ … 大さじ2½
みりん … 大さじ2
酒 … 大さじ1
砂糖 … 小さじ1
水 … 200mℓ

つくり方

準備

- A ➡ よく混ぜ合わせて、6等分する。
- B ➡ 混ぜ合わせる。
- 油揚げ ➡ キッチンペーパーで油をおさえてから半分に切り、袋状に開く。Aを詰め、卵を割り入れ、爪楊枝で閉じて茶巾にする。

調理

- 内鍋に具材を詰めた油揚げを並べてBを入れ、**調理キー**を押す。
- 調理が終わったら、油揚げを返して5分以上おき、余熱で味をなじませる。

中華風おかず茶わん蒸し

ホットクックなら、しっかり加熱温度を調整してくれるので、
茶わん蒸しが極上のなめらかさ。ごはんにかけて味わっても!

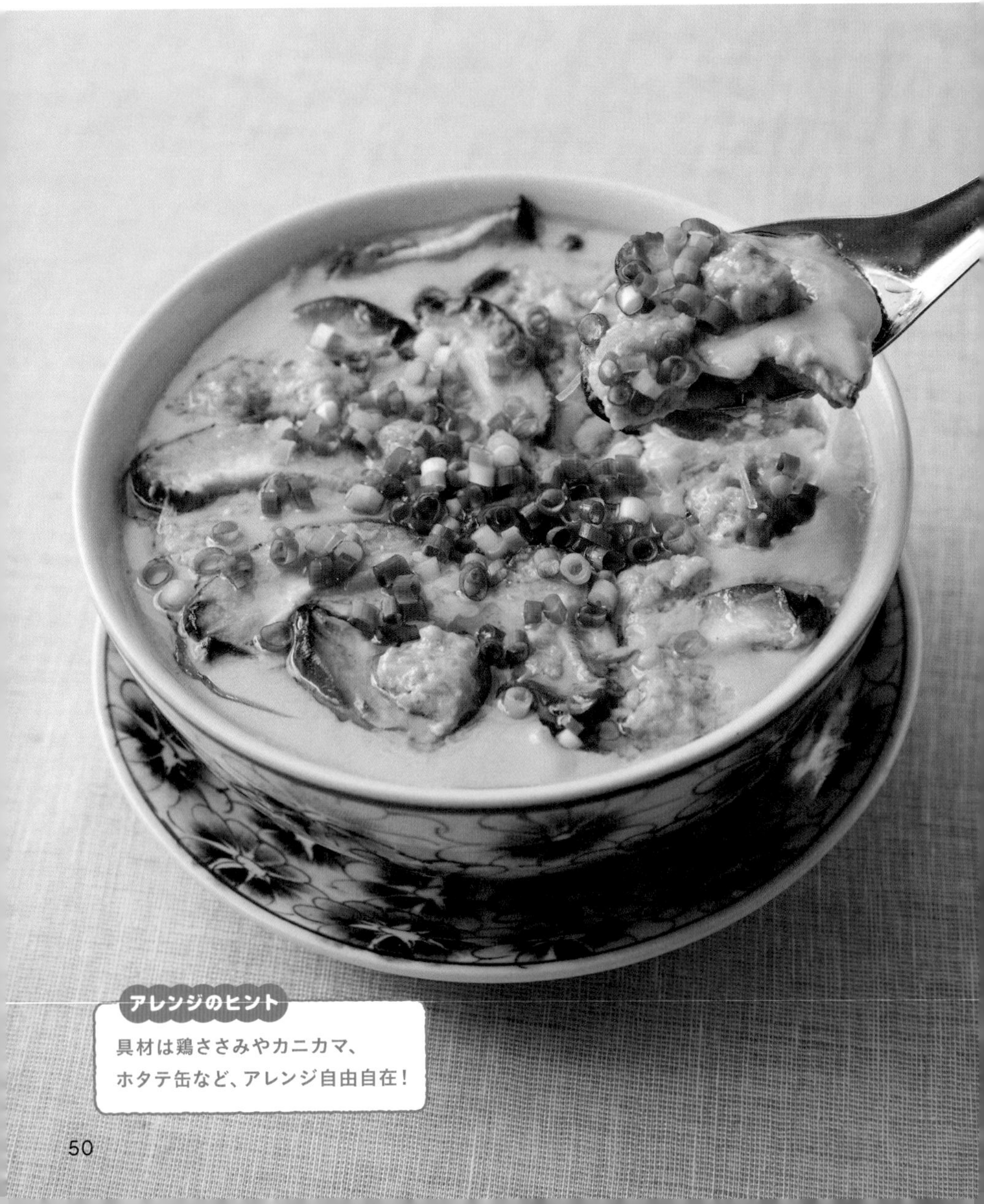

アレンジのヒント

具材は鶏ささみやカニカマ、
ホタテ缶など、アレンジ自由自在!

調理キー

メニュー ▶ カテゴリー ▶ 蒸し物 ▶ 茶わん蒸し

HW16F **HW24F** 手動 ▶ 蒸す ▶ 15分

HT24B **HT99B** **HT16E** 自動 ▶ 蒸す ▶ 蒸し物4-4

HT99A 自動 ▶ 蒸し物2-3

材料（2～3人分）

しいたけ … 2枚
春雨（乾燥）… 20g
A 鶏ひき肉 … 50g
　しょうゆ、ごま油
　… 各小さじ1/6（3～4滴）

B 卵液
　溶き卵 … 3個分
　酒、しょうゆ、鶏ガラスープの素（顆粒）
　… 各大さじ1
　砂糖 … 大さじ1/2
　水 … 300mℓ
ごま油（仕上げ用）… 小さじ1
小ねぎの小口切り … 適量

つくり方

準備

- 春雨 ➡ ハサミで10cm長さに切る。
- しいたけ ➡ 薄切りにする。
- A ➡ 混ぜ合わせる。
- Bの卵液 ➡ 水に鶏ガラスープの素を完全に溶かしてから、残りの材料と調味料を混ぜる。

調理

- 器（直径17cm×深さ8cm）に春雨（戻さずそのまま）、しいたけの順に入れる。上にAを親指の爪くらいの大きさに丸めながらのせる。
- 卵液をザルでこしながら入れる。
- 内鍋に水200mℓ（分量外）を入れて、蒸し板※をセットする。器をのせてアルミホイルをかぶせ、**調理キー**を押す。

※HW16Fは直径17cm以下、24Fは直径19cm以下の市販の蒸し板。それ以外の機種は、付属の蒸し板を使ってください。

仕上げ

- ごま油をたらし、小ねぎを散らす。

BEFORE

AFTER

バーベキューチキン

にんにくのパンチをきかせた、バーベキューソース味のがっつりチキン。
骨付き肉にかじりついて、モリモリ食べちゃいましょう！

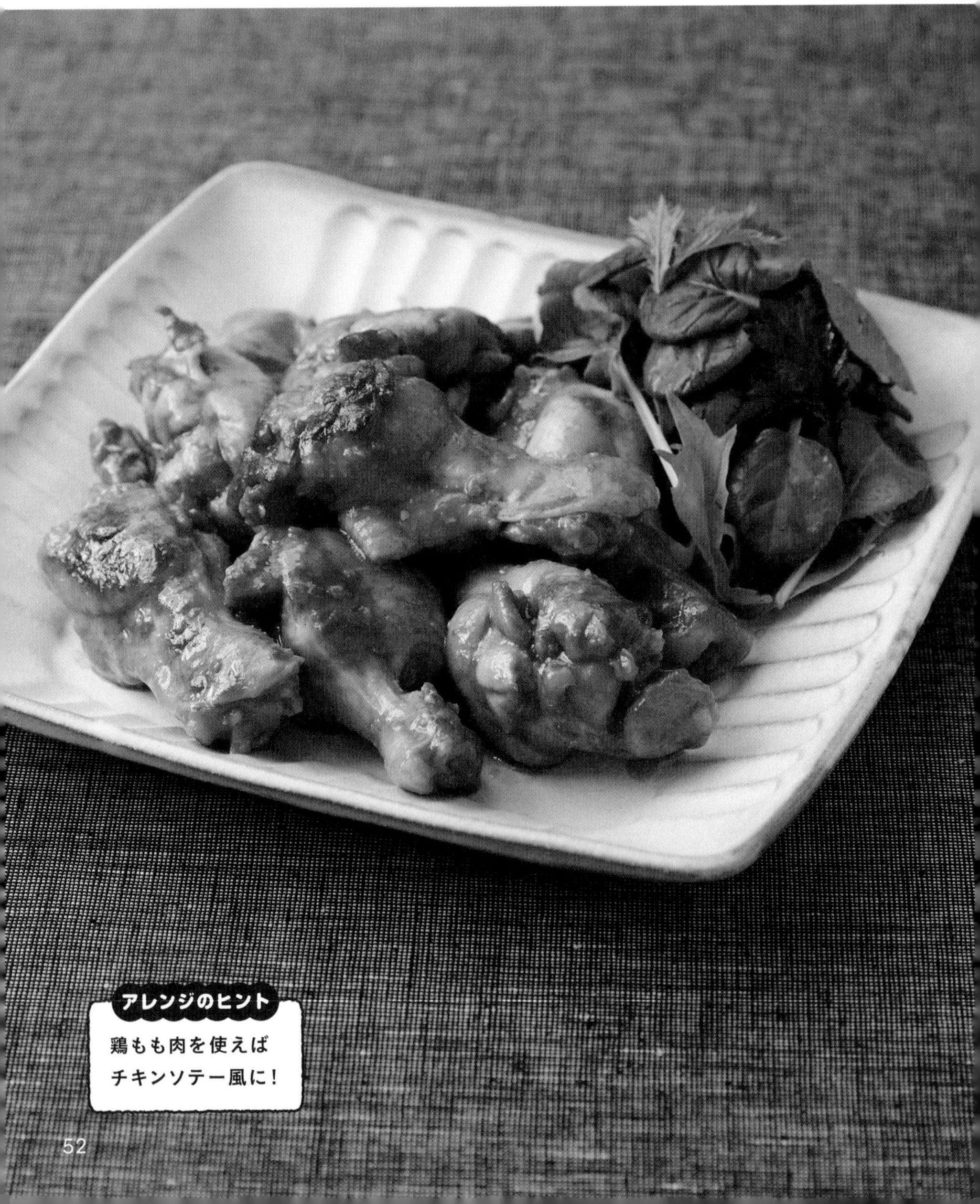

アレンジのヒント

鶏もも肉を使えば
チキンソテー風に！

調理キー

メニュー ▶ カテゴリー ▶ 煮物 ▶ 魚介 ▶ さばのみそ煮

HT24B HT99B HT16E 自動 ▶ 煮物2-10
HT99A 自動 ▶ 煮物1-9

材料（2〜3人分）

鶏手羽元 … 8本
塩 … 少々
薄力粉 … 適量
サラダ油 … 小さじ1
A おろしにんにく … 1片分
トマトケチャップ … 大さじ3
ウスターソース … 大さじ2
みりん … 大さじ1
しょうゆ、砂糖 … 各小さじ1
塩、白こしょう … 各少々

つくり方

準備

- 鶏肉 ➡ フォークで数か所刺し、塩をふり、薄く薄力粉をまぶす。
- A ➡ 混ぜ合わせる。

調理

- 内鍋の底にサラダ油を塗り、鶏肉、Aの順に入れ、**調理キー**を押す。
- 調理が終わったら軽く混ぜ、5分以上おき、余熱で味をなじませる。

仕上げ

- 器に盛り、好みでベビーリーフを添える。

調理時間
20分

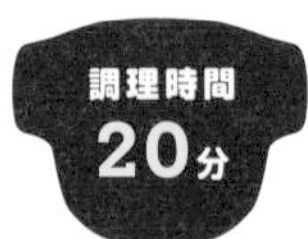

鶏手羽元とエリンギのポン酢煮

たった４つの材料で、さっぱりとした味わいの鶏手羽元の煮物ができあがり！　コリコリのエリンギにも鶏の旨味がしみてます。

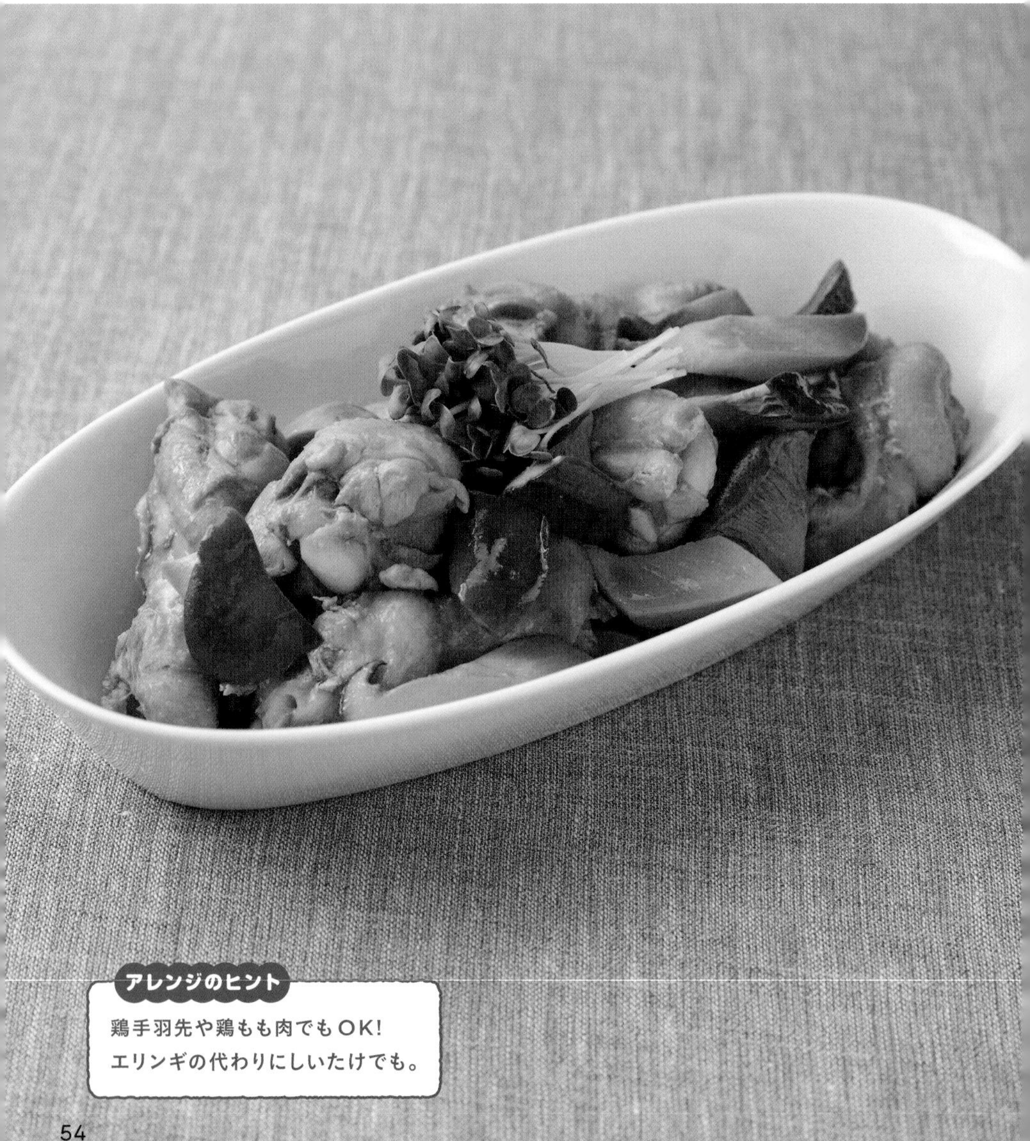

アレンジのヒント

鶏手羽先や鶏もも肉でもOK!
エリンギの代わりにしいたけでも。

調理キー

メニュー ▶ カテゴリー ▶ 煮物 ▶ 魚介 ▶ さばのみそ煮

HT24B **HT99B** **HT16E** **自動 ▶ 煮物2-10**
HT99A **自動 ▶ 煮物1-9**

材料（2～3人分）

鶏手羽元 … 8本
エリンギ … 3本
塩 … 少々
ポン酢 … 100mℓ

つくり方

準備

- エリンギ ➡ 縦半分に切り、さらに斜めに4等分する。
- 鶏肉 ➡ フォークで数か所刺し、塩、ポン酢の順にもみ込む。

調理

- 内鍋にエリンギ、鶏肉（もみ込んだ残りのポン酢も）の順に入れ、**調理キー**を押す。
- 調理が終わったら軽く混ぜ、5分以上おき、余熱で味をなじませる。

仕上げ

- 器に盛り、好みでカイワレ大根を飾る。

名古屋風
揚げない鶏手羽先

大人気の手羽先揚げを、ホットクックで揚げずにつくれたら…!?
甘辛いあの手羽先のおいしさを、ほったらかし調理で実現します。

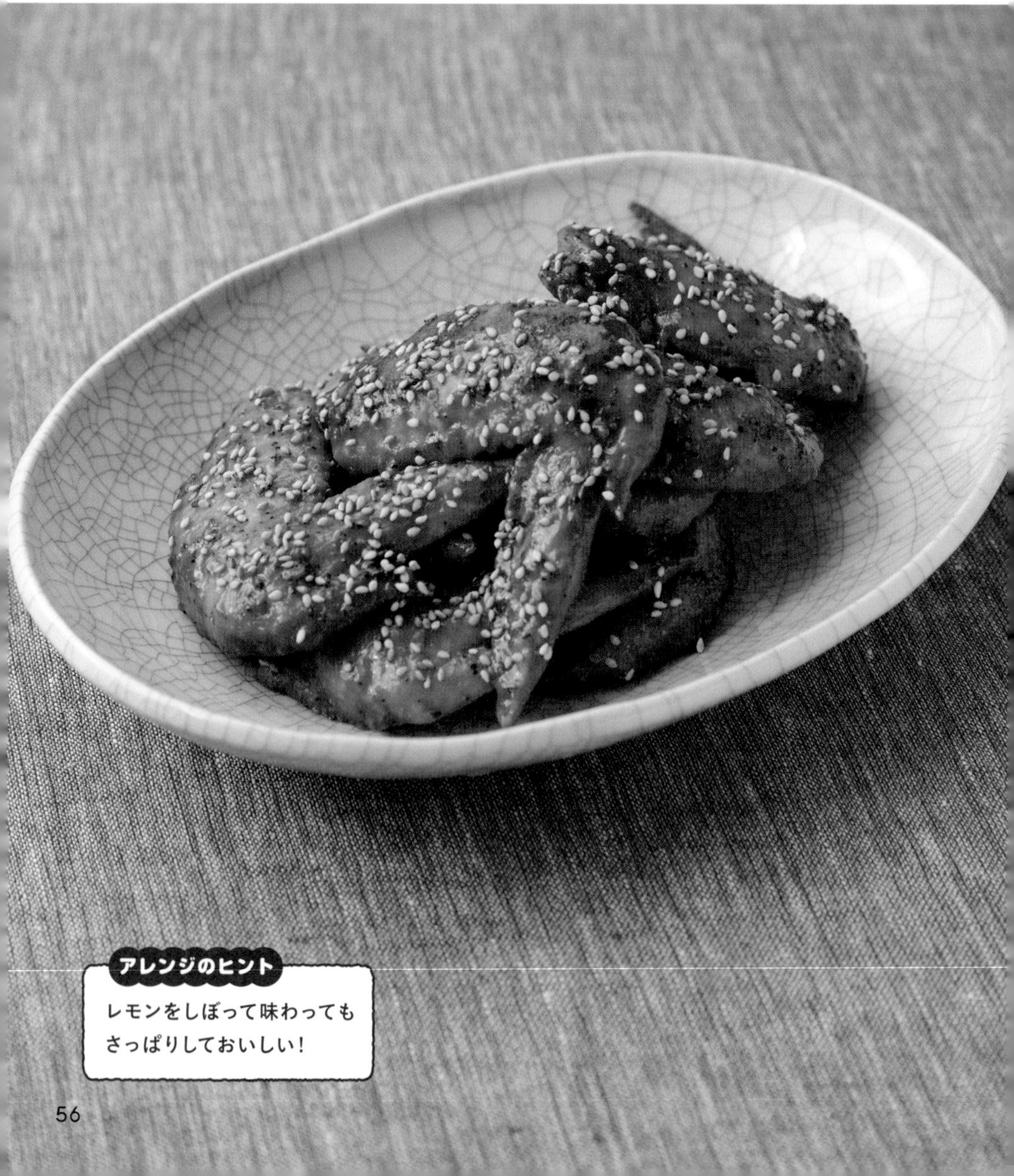

アレンジのヒント

レモンをしぼって味わっても
さっぱりしておいしい!

調理キー

メニュー ▶ カテゴリー ▶ 煮物 ▶ 魚介 ▶ さばのみそ煮

HT24B HT99B HT16E 自動 ▶ 煮物2-10
HT99A 自動 ▶ 煮物1-9

材料（2〜3人分）

鶏手羽先 … 8本
塩、白こしょう … 各少々
薄力粉 … 適量
サラダ油 … 小さじ1
A しょうゆ … 大さじ2
砂糖 … 大さじ½
黒こしょう … 小さじ2
水 … 50mℓ
白いりごま … 適量

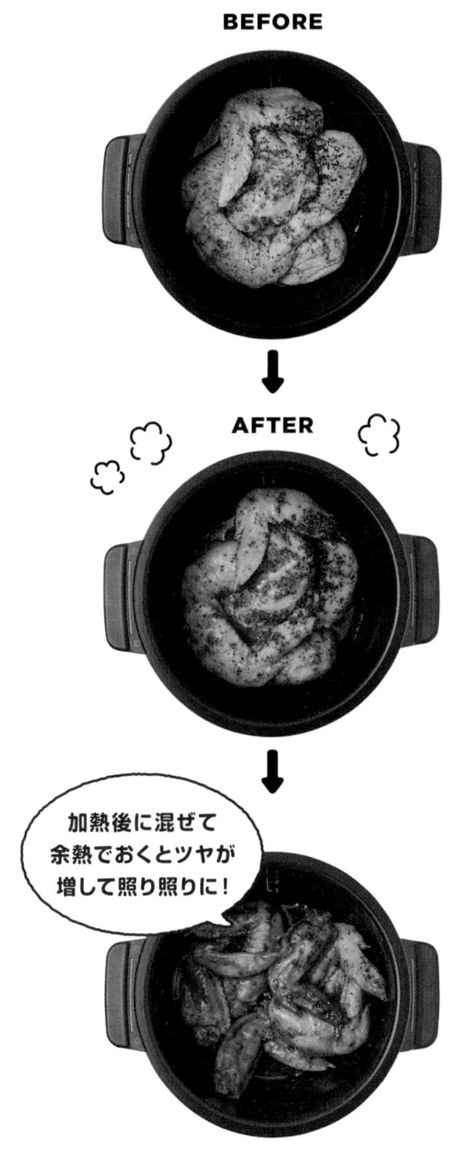

つくり方

準備

- 鶏肉 ➡ フォークで数か所刺し、塩、白こしょうをふり、薄力粉を薄くまぶす。
- A ➡ 混ぜ合わせる。

調理

- 内鍋の底にサラダ油を塗り、鶏肉、Aの順に入れ、軽く混ぜてから**調理キー**を押す。
- 調理が終わったら再び軽く混ぜ、5分以上おき、余熱で味をなじませる。

仕上げ

- 器に盛り、白いりごまをふる。

調理時間
65分

鶏手羽先と大根のコトコト煮込み

鶏手羽先の旨味たっぷりのスープで煮込んだ、やわらか大根のおいしさといったら！　手羽先のお肉もほろっとはずれてきます。

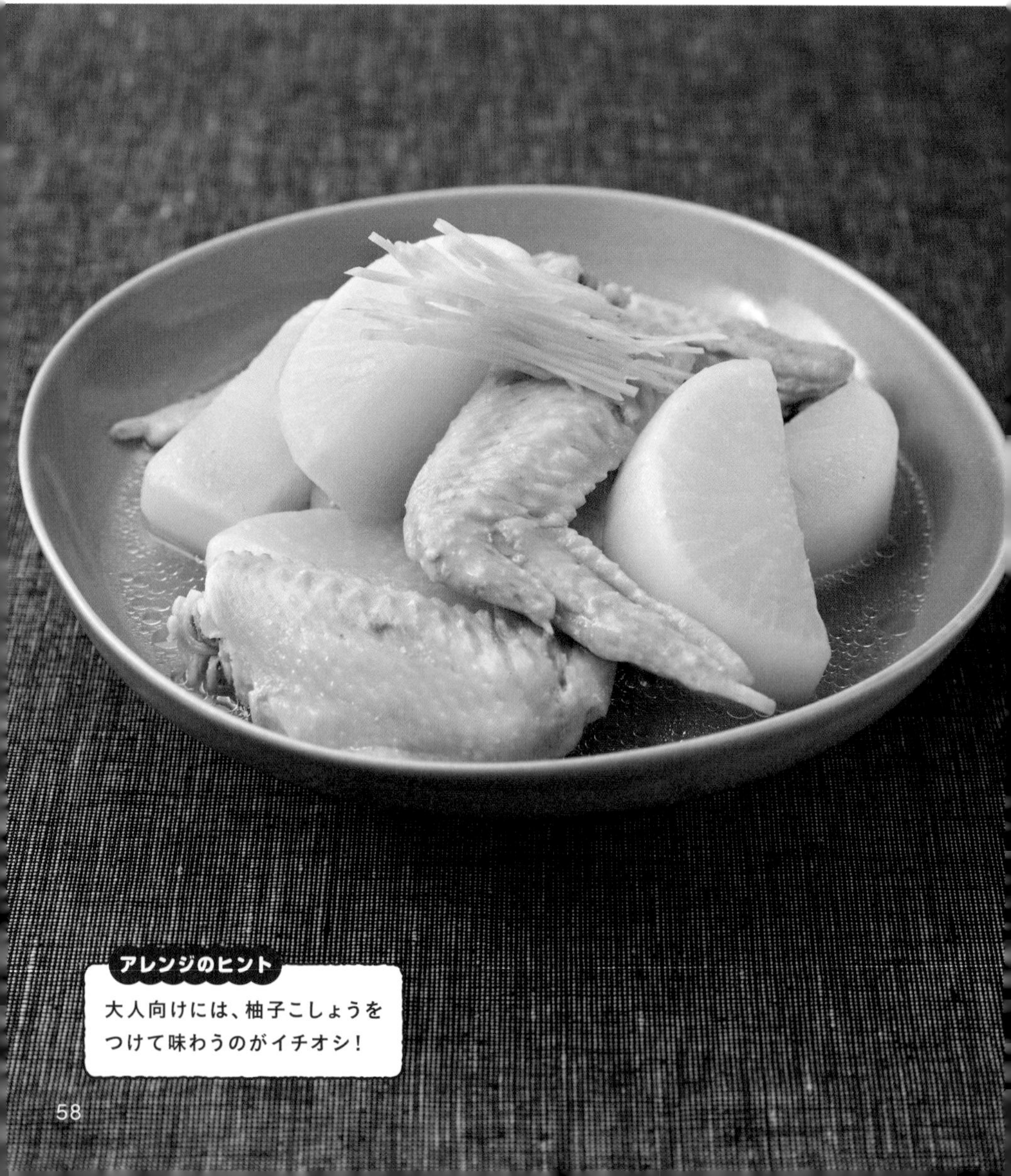

アレンジのヒント

大人向けには、柚子こしょうをつけて味わうのがイチオシ！

調理キー

メニュー ▶ カテゴリー ▶ 煮物 ▶ おでん ▶ おでん

HT24B HT99B HT16E 自動 ▶ 煮物2-12
HT99A 自動 ▶ 煮物1-4

BEFORE

AFTER

材料（2〜3人分）

鶏手羽先 … 6本
大根 … 1/3本（300g）
しょうがの薄切り … 3枚
A 鶏ガラスープの素（顆粒）、酒 … 各大さじ1
塩 … 小さじ2/3
水 … 400mℓ

つくり方

準備

- 大根 ➡ 2〜3cm厚さの半月切りにする。
- 鶏肉 ➡ フォークで数か所刺す。
- A ➡ 混ぜ合わせる。

調理

- 内鍋に大根、鶏肉、しょうが、Aの順に入れ、**調理キー**を押す。

仕上げ

- 器に盛り、好みで針しょうがを飾る。

大根は下ゆでなしでも
まったくえぐみなし！

調理時間
15分

鶏ささみとにらもやしの蒸し炒め

鶏ささみをもやしとにらの水分をいかして、蒸しながら炒めます。
あっさりとしたおいしさで、ペロリと食べられるおかずです。

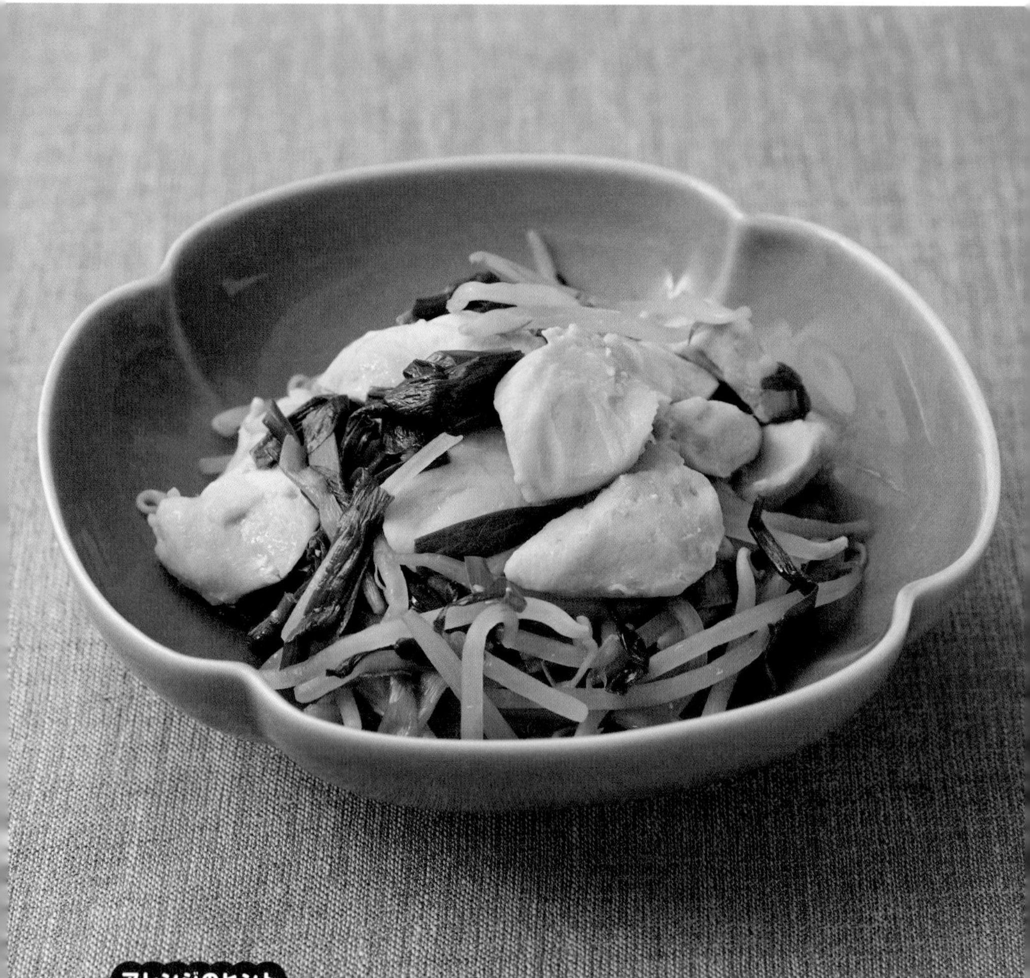

アレンジのヒント

鶏ささみのかわりに、
豚しゃぶしゃぶ肉を使っても！

調理キー

メニュー ▶ カテゴリー ▶ ゆで物 ▶ ブロッコリー

HT24B HT99B HT16E 自動 ▶ ゆで物3-2
HT99A 自動 ▶ 野菜ゆで3-2

材料（2～3人分）

鶏ささみ … 3本
もやし … 1袋（200g）
にら … 1束（100g）
A ごま油 … 大さじ1
塩、酒 … 各小さじ1
砂糖 … 小さじ¼

つくり方

準備

- にら ➡ 4cm長さに切る。
- 鶏ささみ ➡ 小さめのそぎ切りにして、Aをもみ込む。

調理

- 内鍋にもやし、にら、鶏ささみ（もみ込んだAの残りも）の順に入れ、**調理キー**を押す。

鶏ささみの治部煮風

鶏ささみに片栗粉をまぶして、野菜と一緒にふっくら煮ます。
小松菜の葉は色が変わらないように、余熱で火を通すのがコツ！

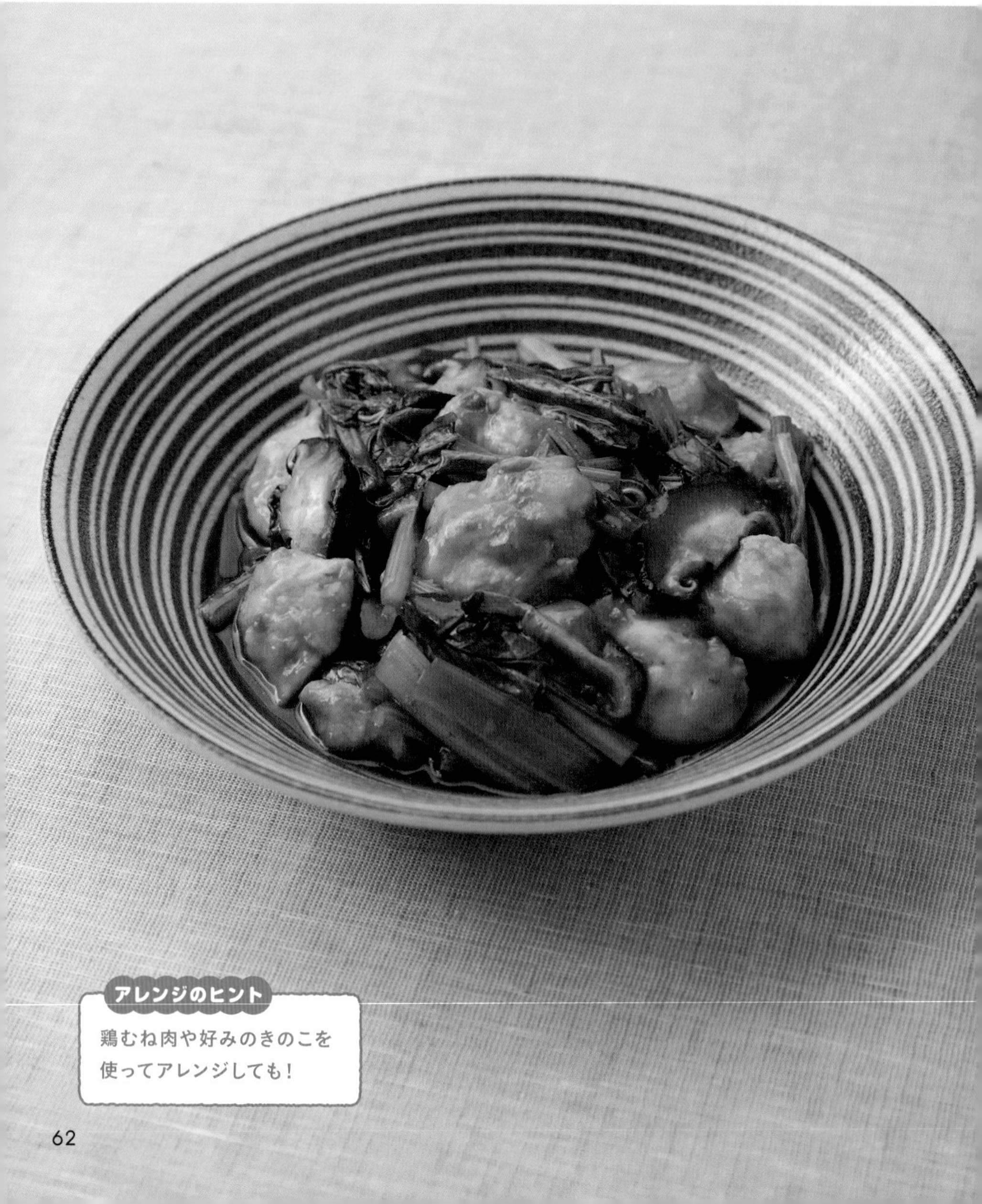

アレンジのヒント

鶏むね肉や好みのきのこを使ってアレンジしても！

調理キー

メニュー ▶ カテゴリー ▶ 煮物 ▶ 魚介 ▶ さばのみそ煮

HT24B HT99B HT16E 自動 ▶ 煮物2-10

HT99A 自動 ▶ 煮物1-9

材料（2〜3人分）

鶏ささみ … 3本
小松菜 … 1束（200g）
しいたけ … 2枚
片栗粉 … 適量
A 酒、しょうゆ、水 … 各大さじ2
　砂糖 … 大さじ1

つくり方

準備

- 小松菜 ➡ 4cm長さに切り、茎と葉に分けておく。
- しいたけ ➡ 薄切りにする。
- 鶏ささみ ➡ 筋を取り、1cm幅のそぎ切りにし、片栗粉を薄くまぶす。
- A ➡ 混ぜ合わせる。

調理

- 内鍋に小松菜の茎、鶏ささみ、しいたけ、Aの順に入れ、**調理キー**を押す。
- 調理が終わったら、すぐに小松菜の葉をのせてふたを閉め、余熱で3分ほどおく。最後に軽く混ぜて、さらに火を通す。

調理時間
20分

鶏の照り煮

見た目はつややかな鶏の照り焼き！　シンプルに甘辛い煮汁で
まるごと煮込むだけ。余熱でちょっとおくのが、味シミのコツ。

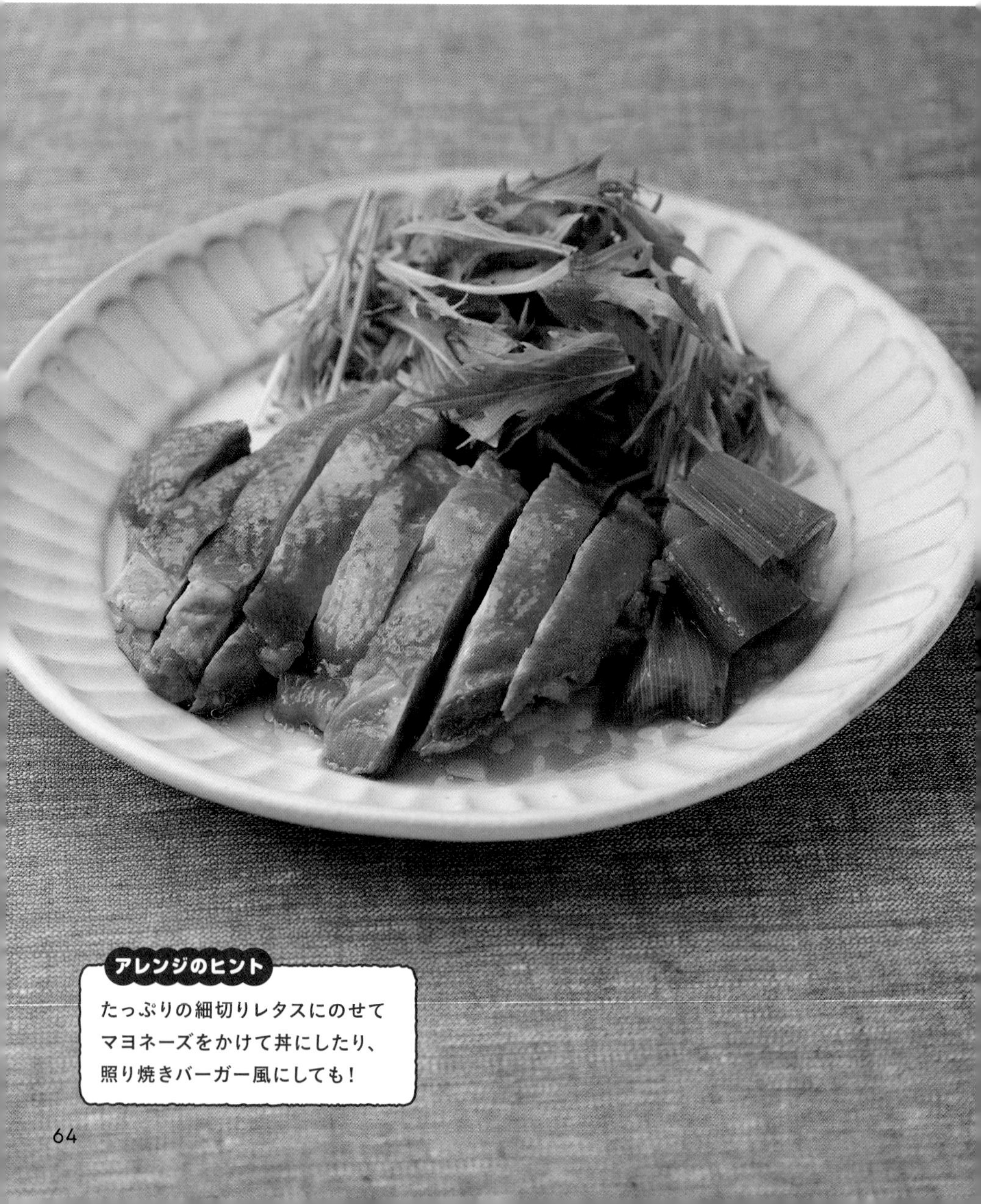

アレンジのヒント

たっぷりの細切りレタスにのせて
マヨネーズをかけて丼にしたり、
照り焼きバーガー風にしても！

調理キー

メニュー ▶ カテゴリー ▶ 煮物 ▶ 魚介 ▶ さばのみそ煮

HT24B HT99B HT16E 自動 ▶ 煮物 2-10
HT99A 自動 ▶ 煮物 1-9

材料 (2人分)

鶏もも肉 … 大1枚(300g)
長ねぎ … ½本
A しょうゆ … 大さじ1½
みりん … 大さじ1
砂糖、酒 … 各大さじ½
水 … 50mℓ

つくり方

準備

- 長ねぎ ➡ 3cm長さに切る。
- 鶏肉 ➡ 皮目をフォークで数か所刺す。
- A ➡ 混ぜ合わせる。

調理

- 内鍋に長ねぎを入れ、鶏肉を皮目を下にしてのせる。Aを入れ、**調理キー**を押す。
- 調理が終わったら、鶏肉を返して5分以上おき、余熱で味をなじませる。

仕上げ

- 食べやすい厚さに切って器に盛り、好みで水菜を添える。

タッカルビ

キャベツたっぷりの人気の韓国料理もホットクックにおまかせ！
日本のみそや一味唐辛子を使って、本場の味に近づけます。

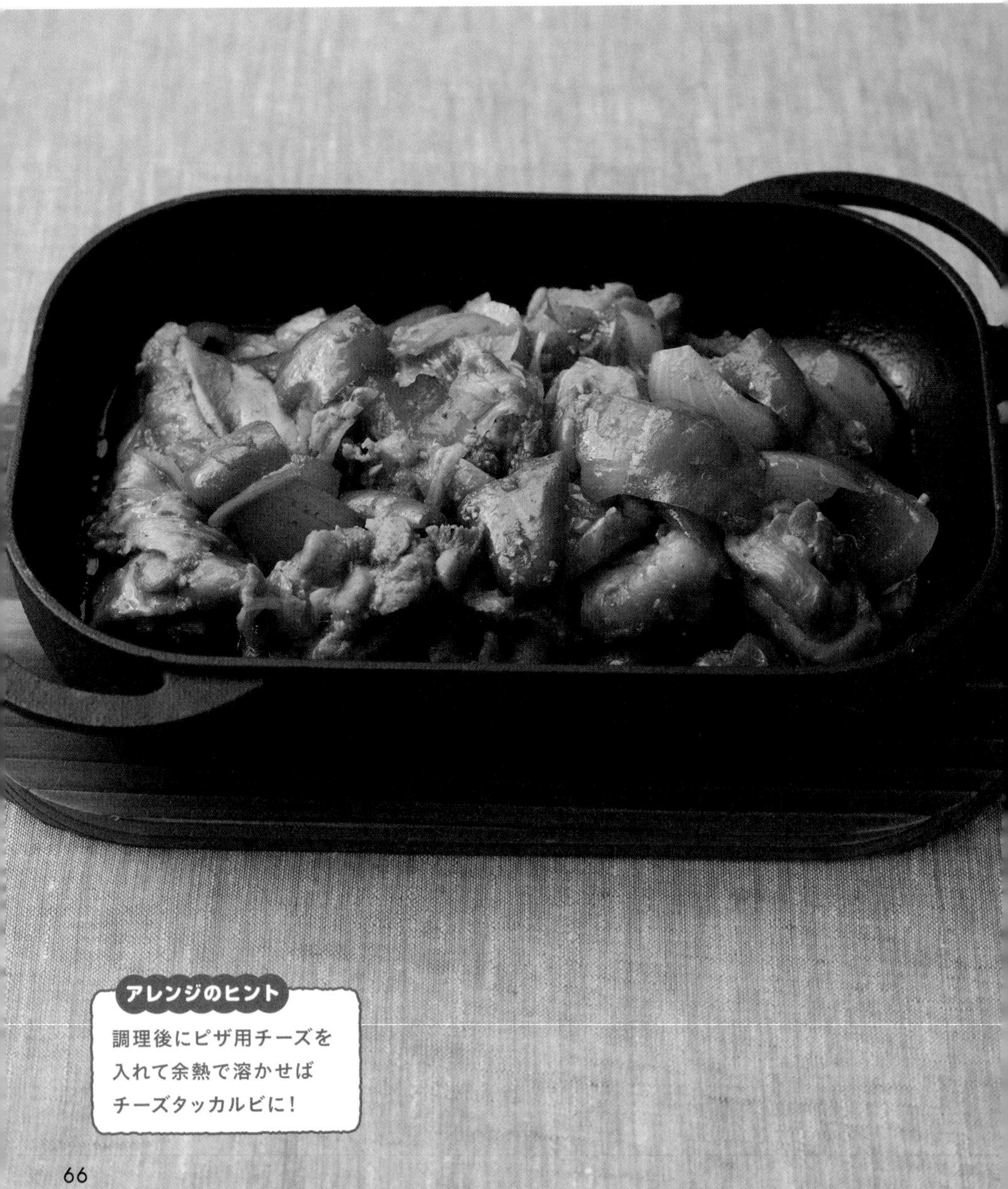

アレンジのヒント

調理後にピザ用チーズを入れて余熱で溶かせばチーズタッカルビに！

調理キー

メニュー ▶ カテゴリー ▶ 煮物 ▶ 肉 ▶ 豚バラ大根

HT24B HT99B HT16E 自動 ▶ 煮物2-14
HT99A 自動 ▶ 煮物1-20

材料（2〜3人分）

鶏もも肉 … 大1枚（300g）
キャベツ … 大4枚（160g）
ピーマン … 2個
玉ねぎ … ½個
A みそ … 大さじ2
しょうゆ、砂糖、酒、ごま油 … 各大さじ1
一味唐辛子 … 小さじ1
おろしにんにく … 1片分
おろししょうが … 1かけ分

BEFORE

AFTER

韓国ではじっくり
炒め煮にするので
汁気は多めでOK!

つくり方

準備

- キャベツ ➡ ひと口大に切る。
- 玉ねぎ、ピーマン ➡ 2〜3㎝角に切る。
- 鶏肉 ➡ ひと口大に切って、Aをもみ込む。

調理

- 内鍋にキャベツ、玉ねぎ、鶏肉（もみ込んだAの残りも）、ピーマンの順に入れ、**調理キー**を押す。

鶏ときのこのクリーム煮

生クリームや市販のルウなしでも、こんなにクリーミー！
鶏肉ときのこの旨味、玉ねぎの甘味が溶け合うおいしさです。

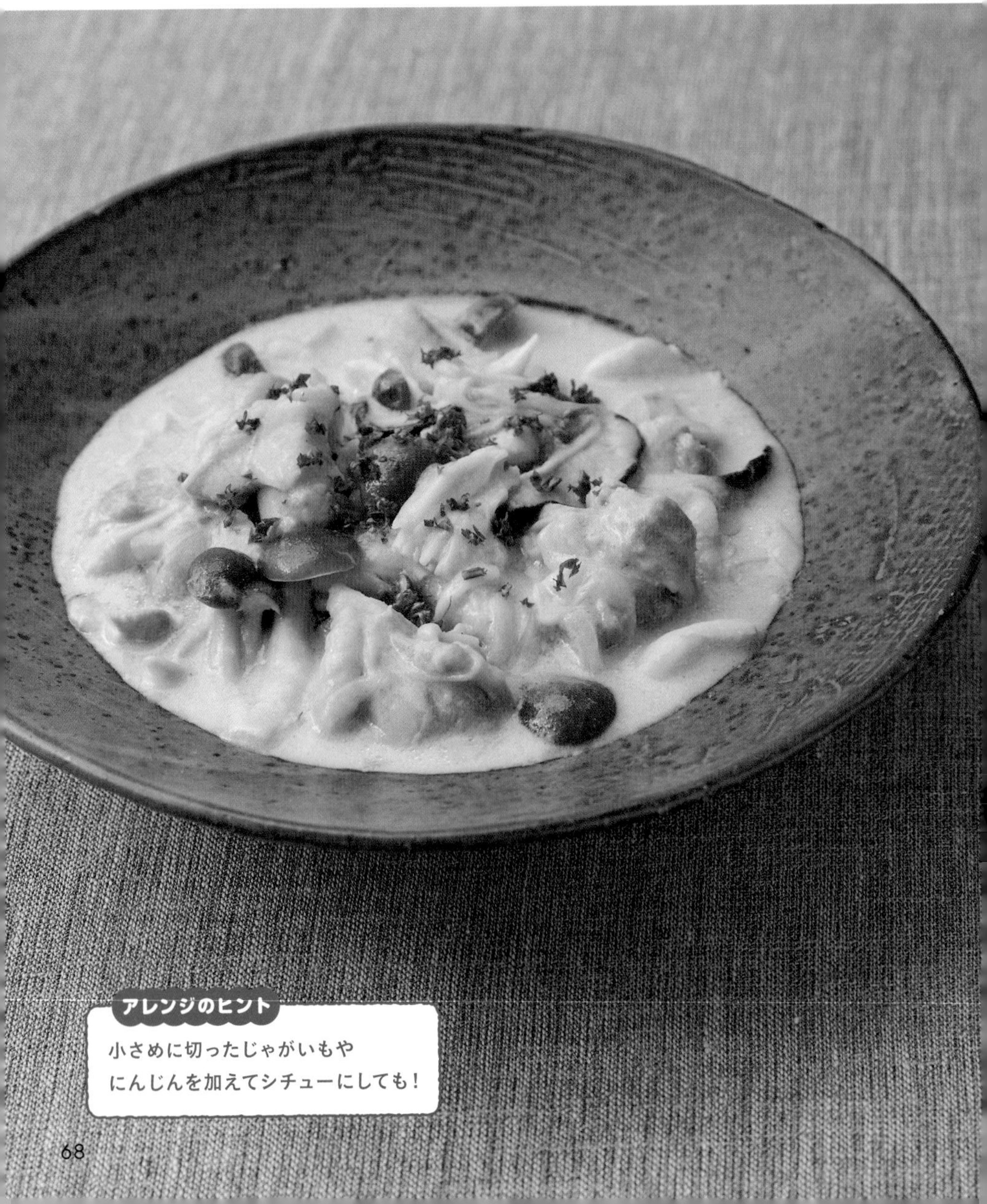

アレンジのヒント

小さめに切ったじゃがいもや
にんじんを加えてシチューにしても！

調理キー

メニュー ▶ カテゴリー ▶ 煮物 ▶ 肉 ▶ 豚バラ大根

HT24B HT99B HT16E 自動 ▶ 煮物2-14
HT99A 自動 ▶ 煮物1-20

材料（2〜3人分）

鶏もも肉 … 大1枚（300g）
好みのきのこ … 100g
玉ねぎ … ¼個
塩、白こしょう … 各少々
薄力粉 … 大さじ2
バター … 大さじ1
A 牛乳 … 200㎖
　洋風スープの素（顆粒）… 大さじ½

BEFORE

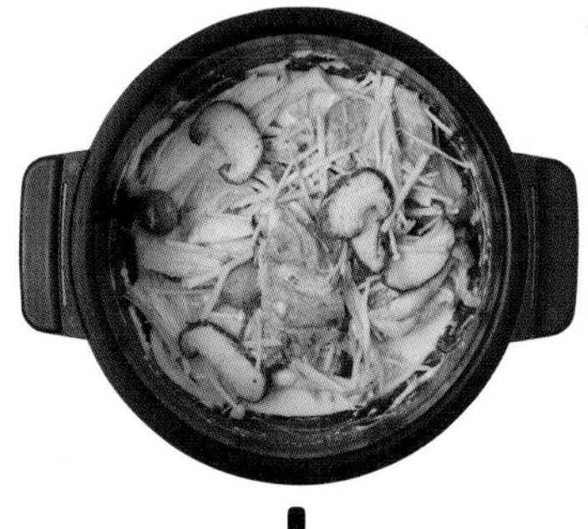

AFTER

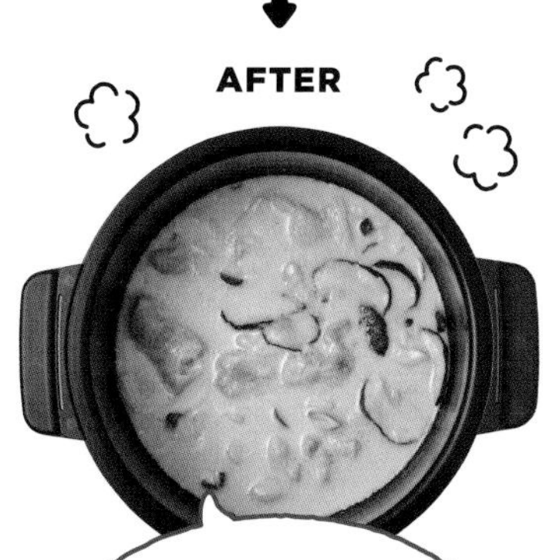

まぜ技ユニットで
混ぜながら加熱することで
とろりとした仕上がりに！

つくり方

準備

- 玉ねぎ ➡ 繊維に沿って薄切りにする。
- きのこ ➡ 食べやすいように、ほぐしたり、切ったり裂いたりしておく。
- 鶏肉 ➡ ひと口大に切り、塩、白こしょうをふる。きのこと一緒に、薄力粉をまぶす。

調理

- 内鍋にバターを塗り、玉ねぎ、鶏肉＆きのこ、Aの順に入れ、**調理キー**を押す。
- 調理が終わったら、軽く混ぜてとろみを均一にする。

仕上げ

- 器に盛り、好みでパセリのみじん切りを散らす。

よだれ鶏

家庭にある調味料だけで、お店みたいな極旨タレがつくれます！
あとはホットクックで鶏もも肉をゆでるだけ！

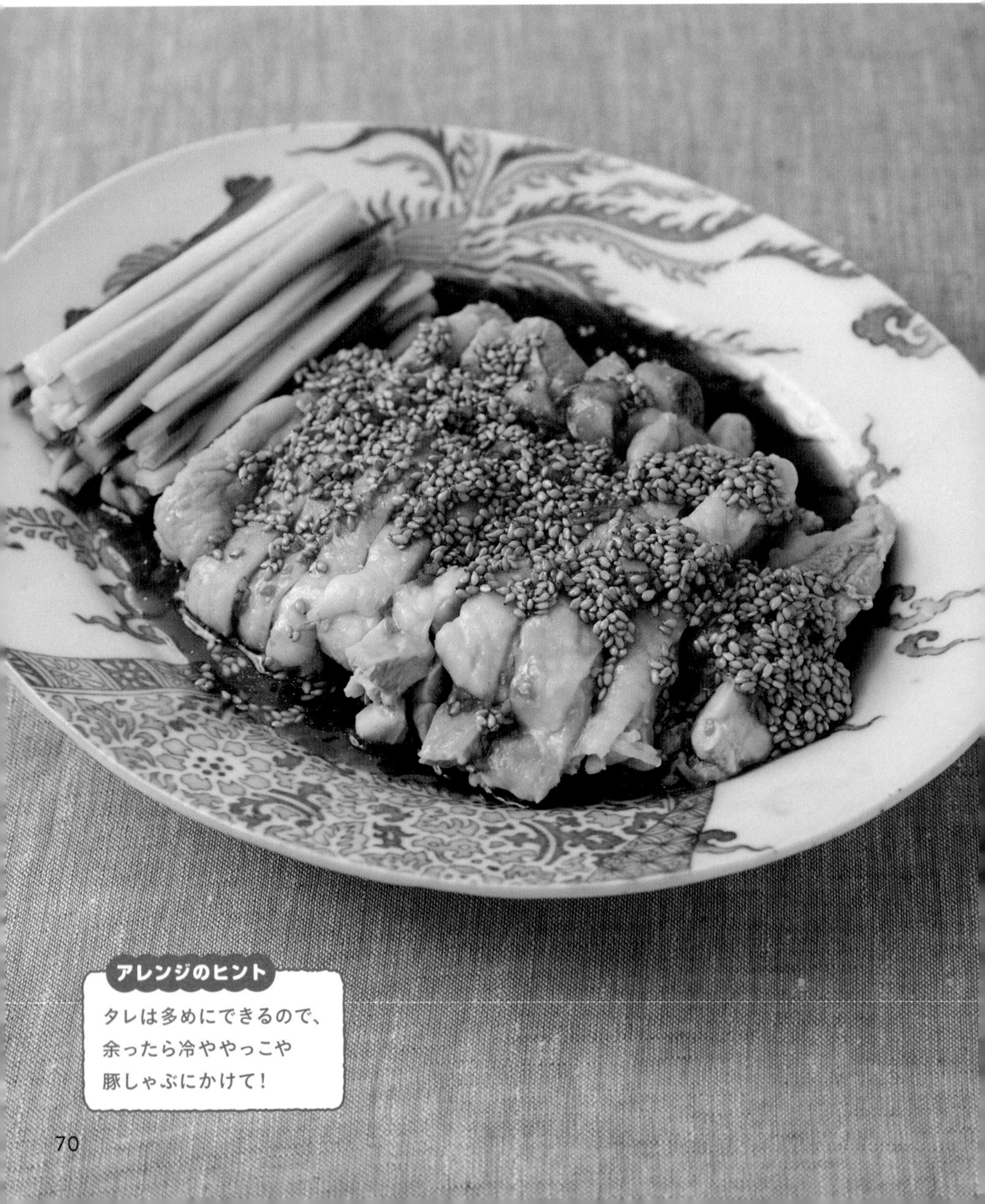

アレンジのヒント

タレは多めにできるので、
余ったら冷ややっこや
豚しゃぶにかけて！

調理キー

メニュー ▶ カテゴリー ▶ 煮物 ▶ 魚介 ▶ さばのみそ煮

HT24B HT99B HT16E 自動 ▶ 煮物2-10
HT99A 自動 ▶ 煮物1-9

材料（2〜3人分）

鶏もも肉 … 大1枚（300g）
長ねぎの青い部分 … 1本分
しょうがの薄切り … 1かけ分
A タレ
しょうゆ … 大さじ3
砂糖、酢 … 各大さじ1
オイスターソース … 小さじ2
ラー油 … 大さじ2
ごま油 … 大さじ½
にんにくのみじん切り … 1片分
しょうがのみじん切り … 1かけ分
白いりごま … 大さじ2
きゅうりのせん切り … 1本分

BEFORE

AFTER

残ったゆで汁は塩や
しょうゆで味を
調えてスープに活用！

つくり方

調理

- 内鍋に長ねぎ、しょうが、鶏肉の順に入れ、鶏肉がかぶるくらいまで水（分量外）を入れ、**調理キー**を押す。
- 調理が終わったら、鶏肉を浸したまま冷ます。
- Aに鶏肉のゆで汁大さじ3を加えて、混ぜ合わせてタレをつくる。

仕上げ

- 鶏肉を食べやすい厚さに切る。
- 器にきゅうり、鶏肉を盛りつけ、タレをかける。

調理時間
20分

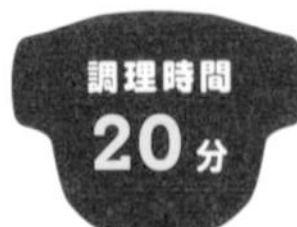

鶏のチリソース煮

エビチリの鶏バージョン！　あっさりしたむね肉で気軽につくれます。片栗粉をもみ込んでおくことでタレがよくからみます。

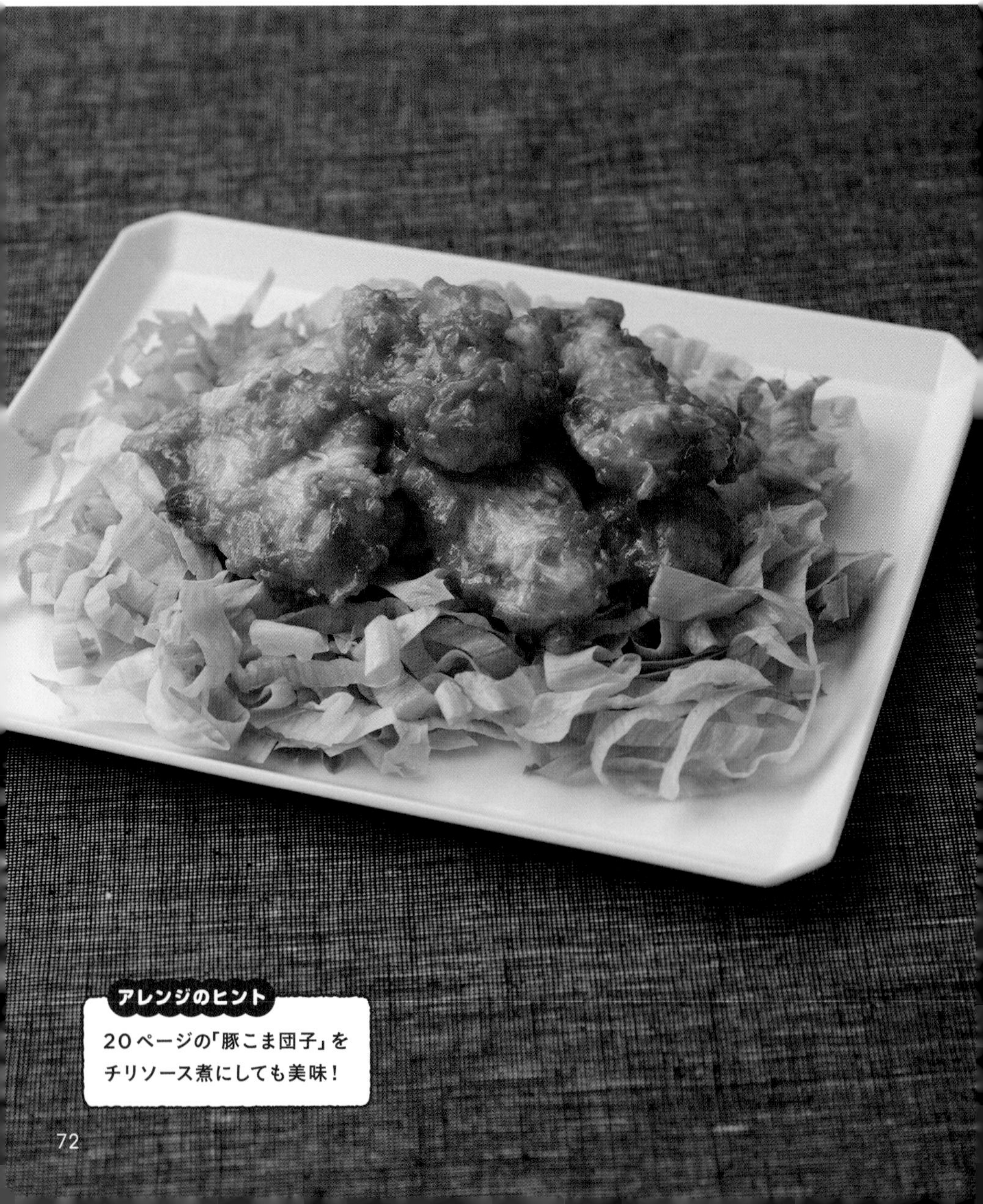

アレンジのヒント

20ページの「豚こま団子」をチリソース煮にしても美味！

調理キー

メニュー ▶ カテゴリー ▶ 煮物 ▶ 魚介 ▶ さばのみそ煮

HT24B **HT99B** **HT16E** **自動 ▶ 煮物2-10**
HT99A **自動 ▶ 煮物1-9**

材料 (2〜3人分)

鶏むね肉 … 大1枚(300g)
長ねぎのみじん切り
… ½本分
砂糖 … 小さじ1
酒 … 大さじ1
片栗粉 … 大さじ2
ごま油 … 小さじ3〜4

A トマトケチャップ
… 大さじ3
酒 … 大さじ1
豆板醤 … 小さじ2
砂糖 … 小さじ1

つくり方

準備

- 鶏肉 ➡ 小さめのそぎ切りにし、砂糖、酒、片栗粉の順にもみ込む。
- A ➡ 混ぜ合わせる。

調理

- 内鍋に長ねぎを敷き、鶏肉を一段のせたらごま油小さじ1をまわしかけ、その上にさらに鶏肉をのせて再びごま油小さじ1をまわしかける。同様にしてすべての鶏肉をのせる。
- Aをまわし入れ、**調理キー**を押す。
- 調理が終わったら、鶏肉をそっとほぐし、チリソースをからめる。

仕上げ

- 器に好みでレタスの細切りを敷き、鶏のチリソース煮を盛る。

調理時間
20分

鶏のみぞれ煮

びっくりするほど材料はシンプル！　大根おろし入りのとろとろの煮汁が、
鶏肉にさっぱりとからんで、毎日食べても飽きないおいしさ。

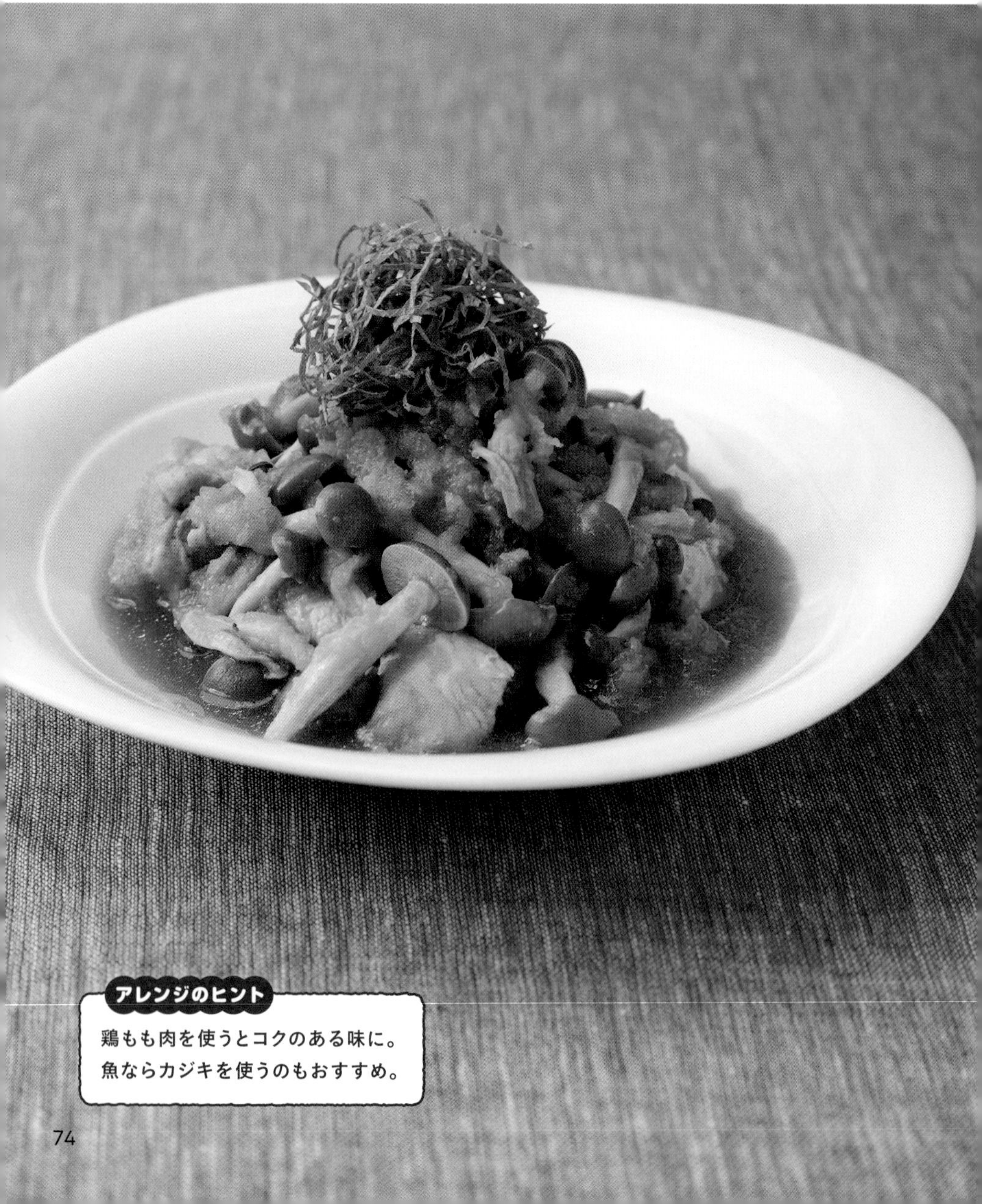

アレンジのヒント

鶏もも肉を使うとコクのある味に。
魚ならカジキを使うのもおすすめ。

調理キー

メニュー ▶ カテゴリー ▶ 煮物 ▶ 魚介 ▶ さばのみそ煮

HT24B **HT99B** **HT16E** **自動 ▶ 煮物2-10**
HT99A **自動 ▶ 煮物1-9**

BEFORE

AFTER

大根おろしを加熱すると
辛味がとんで
甘味がアップ！

材料（2〜3人分）

鶏むね肉 … 大1枚（300g）
大根おろし … 200g
しめじ … 1パック
A 砂糖 … 大さじ½
しょうゆ、酢 … 各大さじ2

つくり方

準備

- 鶏肉 ➡ 小さめのそぎ切りにする。
- しめじ ➡ 食べやすくほぐす。

調理

- 内鍋に大根おろし、鶏肉、しめじ、Aの順に入れ、**調理キー**を押す。
- 調理が終わったら、軽く混ぜる。

仕上げ

- 器に盛り、好みで青じそのせん切りを飾る。

しっとりサラダチキン ガーリック＆ペッパー

鶏むね肉をファスナー付き保存袋に入れ、味つけ調理します。
にんにくと黒こしょうがきいたチキンは極上のしっとり感！

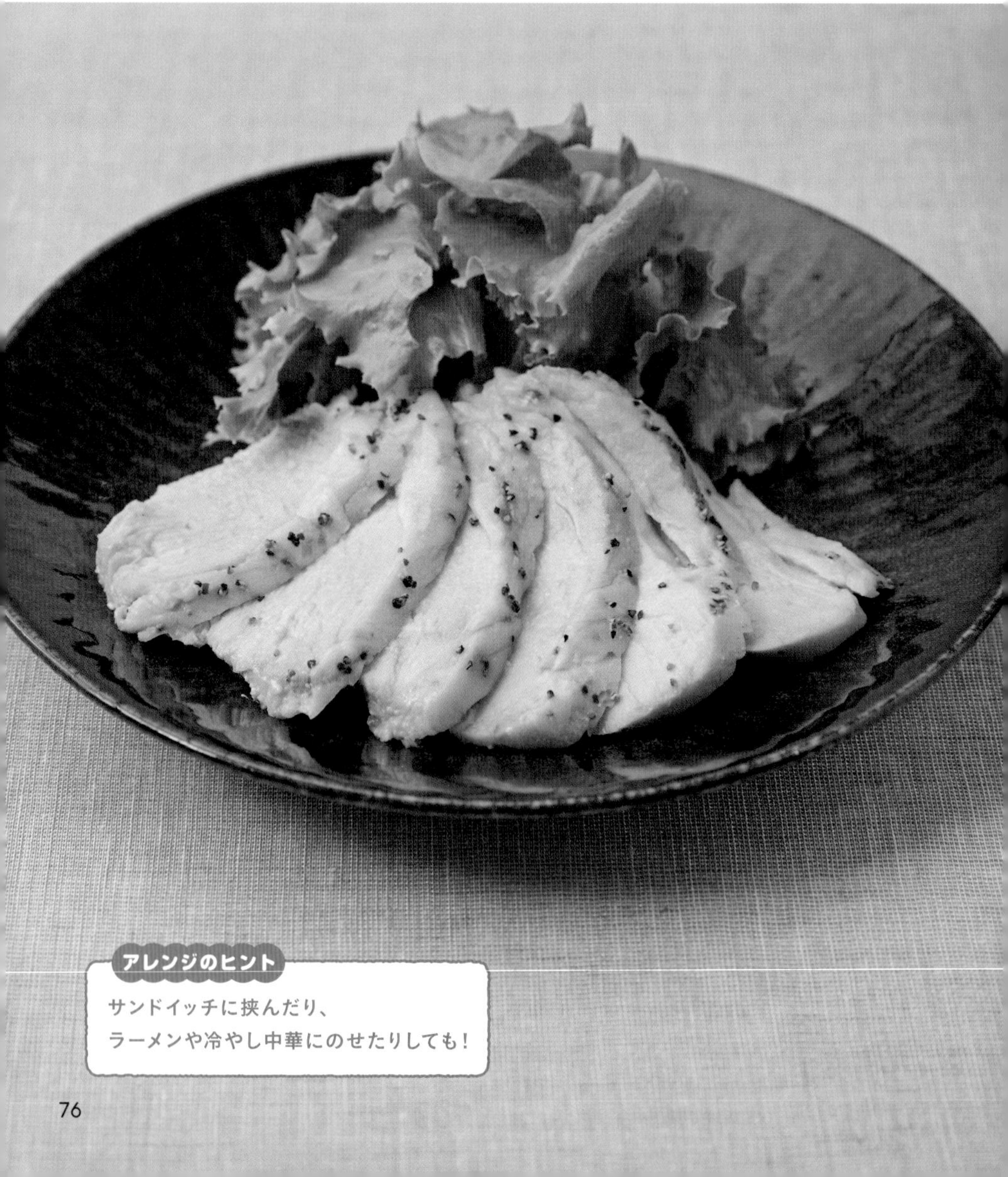

アレンジのヒント

サンドイッチに挟んだり、
ラーメンや冷やし中華にのせたりしても！

調理キー

手動 ▶ 発酵・低温調理をする ▶ 65℃ ▶ 1時間

HT24B HT99B HT16E 手動 ▶ 6発酵 ▶ 65℃ ▶ 1時間

HT99A 手動 ▶ 5発酵 ▶ 65℃ ▶ 1時間

※鶏むね肉を2枚調理する場合は2時間に設定します。「HW16F／24F」は「サラダチキン」キー（70分）でもつくれます。

材料（つくりやすい分量）

鶏むね肉 … 小1枚（250g）

A 酒 … 大さじ1
塩 … 小さじ½
（鶏肉が300g以上の場合は、小さじ⅔）
にんにくの薄切り … 1片分
黒こしょう … 適量

つくり方

準備

- 鶏肉 ➡ 皮目をフォークで数か所刺し、ファスナー付き保存袋※に入れる。Aを入れ、袋の上から軽くもみ込む。空気を抜いて、ファスナーをしっかり閉じる。

※ポリエチレン製の耐熱温度100℃以上、厚さ0.06㎜以上のフリーザーバッグなどを使ってください。

調理

- 内鍋に鶏肉を入れ、「水位MAX」まで水（分量外）を入れ、付属の蒸しトレイ※をセットして**調理キー**を押す。
- 調理が終わったら、鶏肉を浸したまま冷まして完成。

※付属品に蒸しトレイがない機種は、耐熱性の皿などをのせて袋が浮かないようにしてください。浮き上がった袋が内蓋の排気口に接触すると、お湯が吹きこぼれる場合があります。

仕上げ

- 食べやすい厚さに切って器に盛り、好みでグリーンカールなどを添える。

調理時間 1時間

しっとりレモンチキン

76ページの「しっとりサラダチキン」のアレンジ！
生レモンの香りと風味がとってもさわやかです。

材料（つくりやすい分量）

鶏むね肉 … 小1枚（250g）

A 酒 … 大さじ1
塩 … 小さじ½
（鶏肉が300g以上の場合は、小さじ⅔）
レモンの薄切り … 3枚

つくり方

準備 調理

- 76ページの「しっとりサラダチキン ガーリック＆ペッパー」と同じ。

仕上げ

- 食べやすい厚さに切って器に盛り、好みでクレソンとレモンを添える。

調理キー

手動 ▶ 発酵・低温調理をする ▶ 65℃ ▶ 1時間

HT24B HT99B HT16E 手動 ▶ 6発酵 ▶ 65℃ ▶ 1時間

HT99A 手動 ▶ 5発酵 ▶ 65℃ ▶ 1時間

調理時間 1時間

しっとりカレーチキン

カレー味のチキン、おいしくないわけがない！
スパイシーな香りで、お酒のお供にもぴったり。

材料（つくりやすい分量）

鶏むね肉 … 小1枚（250g）

A
- 酒 … 大さじ1
- カレー粉 … 小さじ2
- 塩 … 小さじ½（鶏肉が300g以上の場合は、小さじ⅔）
- 白こしょう … 少々

つくり方

準備 **調理**

- 76ページの「しっとりサラダチキン ガーリック＆ペッパー」と同じ。

仕上げ

- 食べやすい厚さに切って器に盛り、好みでパセリのみじん切りを散らす。

調理キー

手動 ▶ 発酵・低温調理をする ▶ 65℃ ▶ 1時間

HT24B HT99B HT16E 手動 ▶ 6 発酵 ▶ 65℃ ▶ 1時間

HT99A 手動 ▶ 5 発酵 ▶ 65℃ ▶ 1時間

しっとりサラダチキンのウラ技いろいろ

76ページの「しっとりサラダチキン」、便利なウラ技を
ぜひ知っておいて。自分でレシピをどんどんアレンジできます！

ウラ技❶

味つけなしでつくっても！

鶏むね肉をそのままファスナー付き保存袋に入れて、味つけなしで調理するのもアリです。鶏わさ感覚で、わさびじょうゆにつけて食べたり、柚子こしょうをのせて味わったり、ほぐしてマヨネーズで和えたり、あとから味を足して楽しめばOK。味つけなしでつくれば、取り分けて愛犬のごはんにもなります。

ウラ技❷

2種類の味を一度に調理OK

ファスナー付き保存袋に入れた2種類のサラダチキンを一度にまとめて調理してもかまいません。その場合は65℃の設定は同じままですが、調理時間を「2時間」に増やしてください。時間はかかりますが、セットしたらほったらかし。時間に余裕のあるときや、まとめてつくりおきしたいときに！

ウラ技❸

好みの味つけでアレンジに挑戦！

この本で紹介したレシピを参考にすれば、アレンジも自由自在！　鶏むね肉小1枚（250g）に対して塩小さじ½の味つけを基本に、ごま油とにんにくを加えれば中華風、オリーブオイルとバジルでイタリア風に。ドライハーブやスパイスなども使って、いろいろな味つけにトライしてみてください。

ちょっとぜいたく「牛肉おかず」

豚肉や鶏肉よりお値段ははるけれど、
やっぱり食べたい牛肉のおかず！
この章では、毎日の献立に取り入れやすい
「牛こま切れ肉」と「牛切り落とし肉」を
使ったレシピを紹介します。
牛肉はお肉の味がしっかりしているので
ホットクックで調理すれば、
一緒に加熱する食材にまでしっかり
その旨味がしみ込んで、おいしさがアップ。
和風からエスニックまで、
少ない調味料の組み合わせでも
こんなに味のバリエーションが広がります！

調理時間
20分

牛こまとこんにゃくの土手煮風

ごはんのおかずによし、お酒のつまみによし。甘辛いみそ味がからんだ、牛こまとぷりぷりのこんにゃくが最高！

アレンジのヒント

こんにゃくの代わりに好みのきのこやごぼうと煮込んでも！

調理キー

メニュー ▶ カテゴリー ▶ 煮物 ▶ 魚介 ▶ さばのみそ煮

HT24B HT99B HT16E 自動 ▶ 煮物2-10
HT99A 自動 ▶ 煮物1-9

材料（2〜3人分）

牛こま切れ肉 … 150g
こんにゃく（アク抜き済み） … 1枚（230g）
しょうがの薄切り … 1かけ分
A みそ … 大さじ2
　砂糖、酒、みりん … 各大さじ1
　しょうゆ … 小さじ1
水 … 50mℓ

つくり方

準備

- こんにゃく ➡ 小さめのひと口大に手でちぎる。

調理

- 内鍋に牛肉とこんにゃくを入れ、Aをもみ込む。
- しょうが、水の順に入れ、**調理キー**を押す。
- 調理が終わったら、軽く混ぜる。

仕上げ

- 器に盛り、好みで長ねぎの小口切りをのせ、七味唐辛子をふる。

牛こまの彩りチャプチェ

牛こまの旨味をたっぷり吸った春雨が主役！　お肉の量は少しでも
しっかりとした食べごたえ。野菜もたっぷり食べられます！

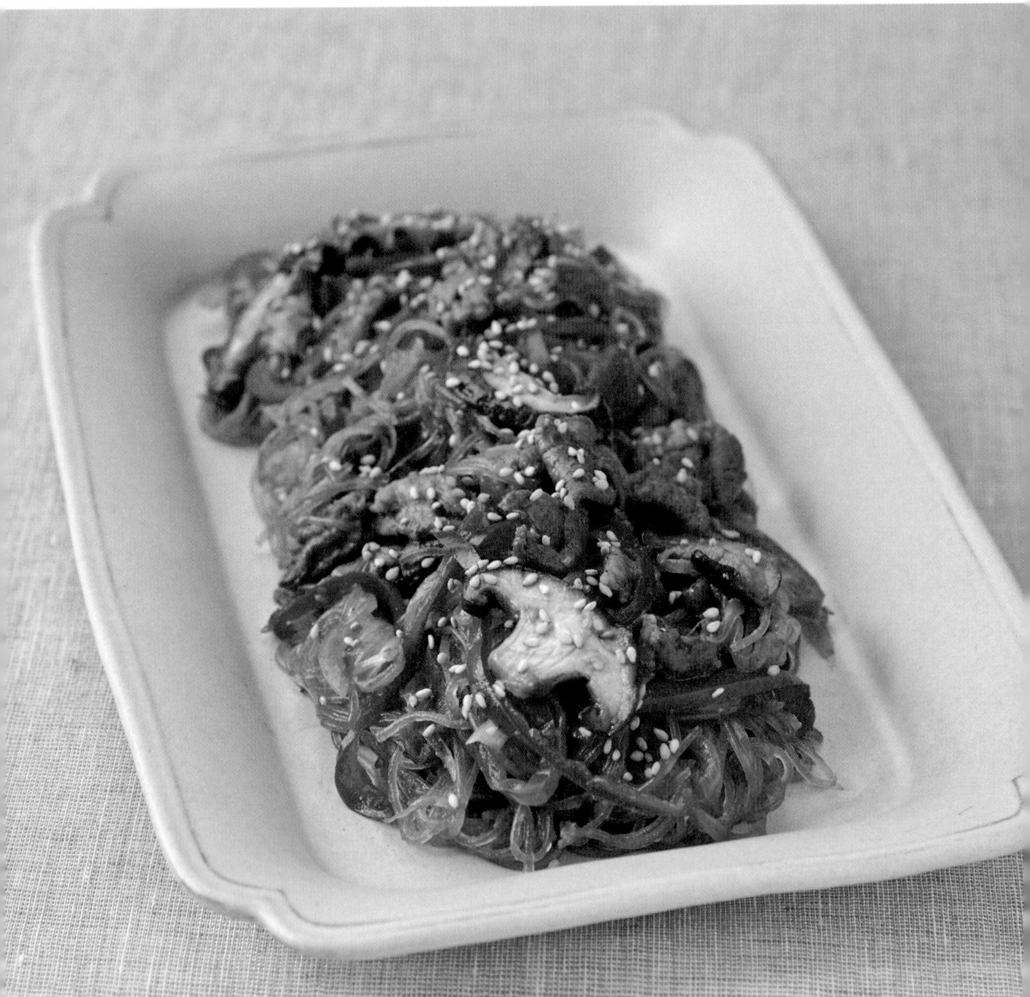

アレンジのヒント

ピーマンやパプリカの代わりに
にんじんやにらを使っても！

調理キー

メニュー ▶ カテゴリー ▶ 煮物 ▶ 肉 ▶ 豚バラ大根

HT24B HT99B HT16E 自動 ▶ 煮物2-14
HT99A 自動 ▶ 煮物1-20

材料（2人分）

牛こま切れ肉 … 100g
ピーマン … 2個
パプリカ … 1個
玉ねぎ … ½個
しいたけ … 2枚
春雨（乾燥） … 40g
A しょうゆ、酒 … 各小さじ1
B おろしにんにく … 1片分
しょうゆ … 大さじ1½
砂糖 … 大さじ1
オイスターソース … 大さじ½
水 … 100mℓ
白いりごま … 適量

BEFORE

AFTER

つくり方

準備

- 牛肉 ➡ Aをもみ込む。
- ピーマン、パプリカ ➡ 細切りにする。
- 玉ねぎ ➡ 繊維に沿って薄切りにする。
- しいたけ ➡ 薄切りにする。
- 春雨 ➡ ハサミで10cm長さに切る。

調理

- 内鍋に玉ねぎ、牛肉、春雨（戻さずそのまま）、B、ピーマン、パプリカ、しいたけの順に入れ、**調理キー**を押す。
- 調理が終わったら、春雨をほぐし、全体を混ぜる。

仕上げ

- 器に盛り、白いりごまをふる。

牛肉とまいたけのすき煮

牛肉とまいたけの組み合わせは、旨味の相乗効果が絶大！
ごはんにのせて、丼にするのもおすすめです。

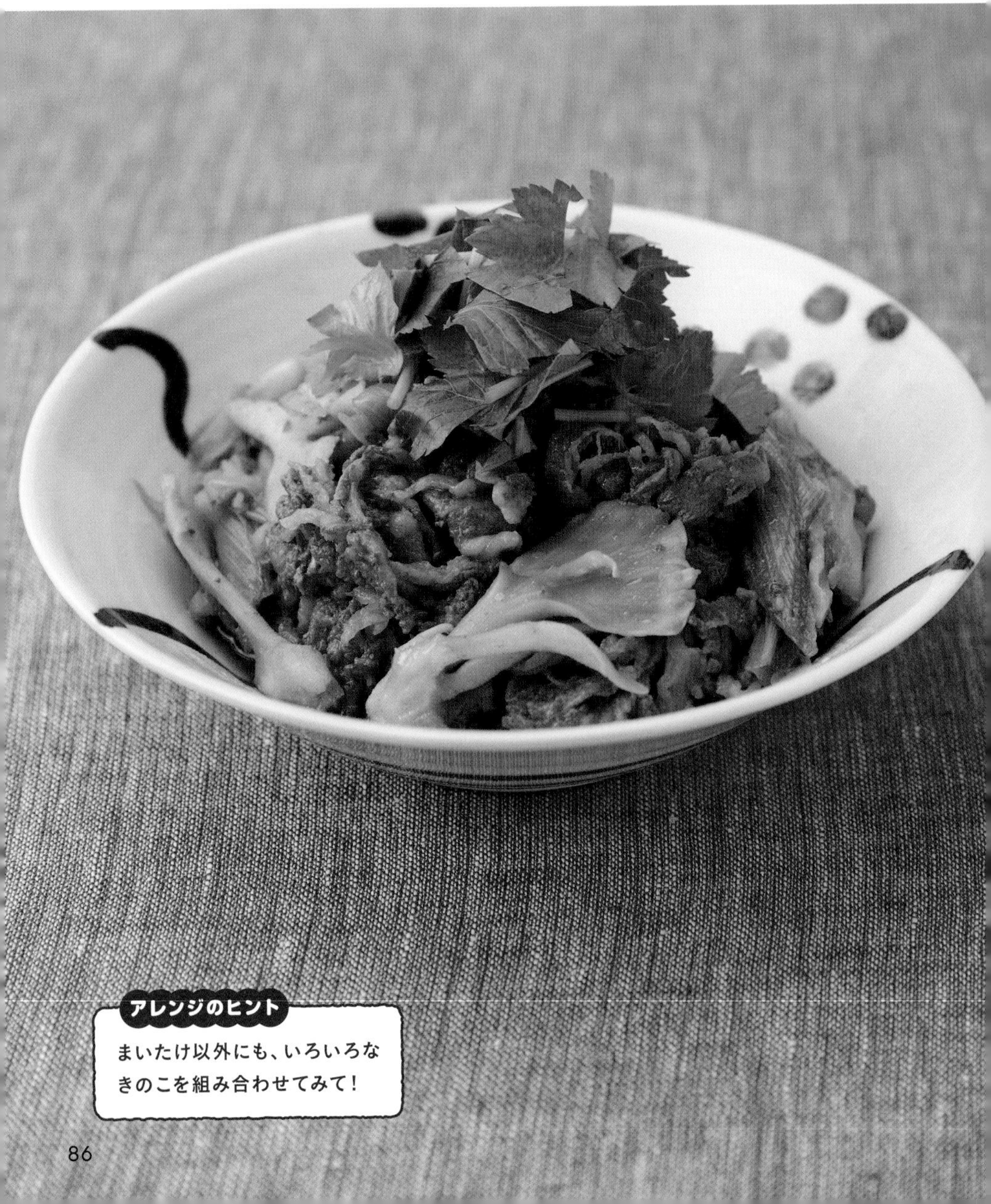

アレンジのヒント

まいたけ以外にも、いろいろなきのこを組み合わせてみて！

調理キー

メニュー ▶ カテゴリー ▶ 煮物 ▶ 魚介 ▶ さばのみそ煮

HT24B HT99B HT16E 自動 ▶ 煮物2-10

HT99A 自動 ▶ 煮物1-9

材料 (2〜3人分)

牛切り落とし肉 … 250g
まいたけ … 1パック
長ねぎ … ½本
A しょうゆ … 大さじ2
　砂糖、酒、みりん … 各大さじ1
水 … 100mℓ

つくり方

準備

- 牛肉 ➡ Aをもみ込む。
- まいたけ ➡ 食べやすく裂く。
- 長ねぎ ➡ 斜め薄切りにする。

調理

- 内鍋に長ねぎ、牛肉(もみ込んだAの残りも)、まいたけ、水の順に入れ、**調理キー**を押す。
- 調理が終わったら牛肉をほぐし、軽く混ぜる。

仕上げ

- 器に盛り、好みで三つ葉を飾る。

調理時間
20分

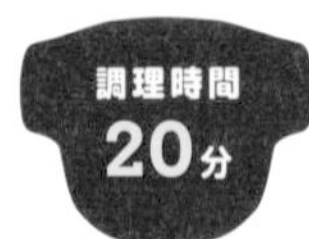

プルコギ

人気の韓国料理もホットクックにおまかせ！　コクのあるみそとにんにくとごま油のパンチのきいた味つけが、あとをひくおいしさ。

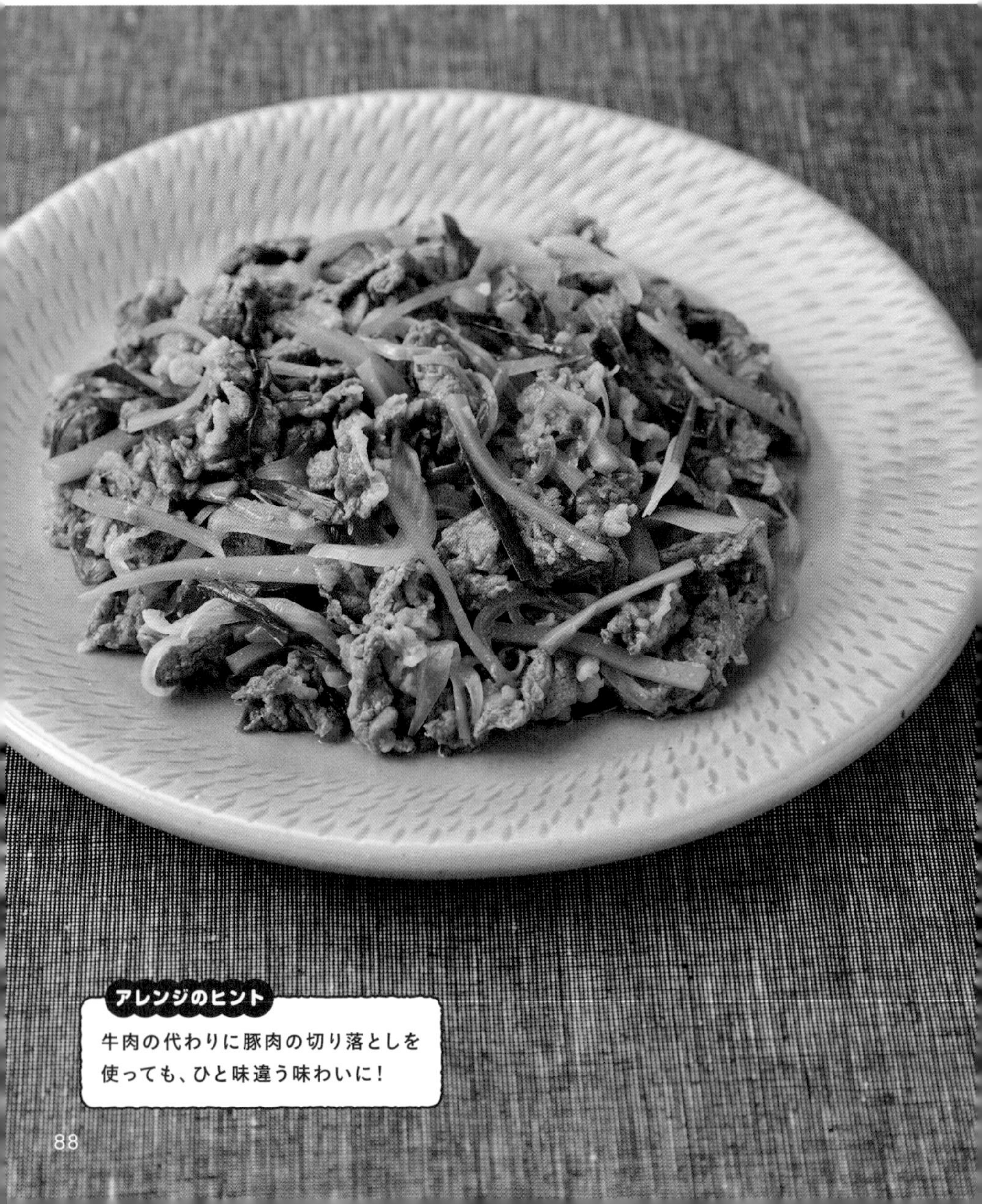

アレンジのヒント

牛肉の代わりに豚肉の切り落としを使っても、ひと味違う味わいに！

調理キー

メニュー ▶ カテゴリー ▶ 煮物 ▶ 肉 ▶ 豚バラ大根

HT24B HT99B HT16E 自動 ▶ 煮物2-14
HT99A 自動 ▶ 煮物1-20

BEFORE

AFTER

にらの色が
変わらないうちに
盛りつけて！

材料（2〜3人分）

牛切り落とし肉 … 250g
玉ねぎ … ½個
にんじん … ⅓本（50g）
にら … ½束（50g）
A しょうゆ、酒、ごま油 … 各大さじ1
みそ … 小さじ2
砂糖 … 小さじ1
おろしにんにく … 1片分

つくり方

準備

- 牛肉 ➡ Aをもみ込む。
- 玉ねぎ ➡ 繊維に沿って薄切りにする。
- にんじん ➡ せん切りにする。
- にら ➡ 4㎝長さに切る。

調理

- 内鍋に玉ねぎ、にんじん、牛肉（もみ込んだAの残りも）、にらの順に入れ、**調理キー**を押す。

調理時間 35分

白滝入り和風肉じゃが

我が家の肉じゃがレシピは、甘みをおさえた
ごはんに合う味。牛肉の旨味を吸った白滝もたまりません。

材料（3人分）

牛切り落とし肉 … 150g
じゃがいも
… 2〜3個（300g）
玉ねぎ … ½個
にんじん … ⅓本（50g）
白滝（アク抜き済み） … 180g
A しょうゆ … 大さじ2⅓
みりん … 大さじ½
砂糖、酒 … 各大さじ1
水 … 大さじ2

つくり方

準備

- 牛肉 ➡ Aをもみ込む。
- じゃがいも ➡ 大きめのひと口大に切る。
- 玉ねぎ ➡ 繊維に沿って薄切りにする。
- にんじん ➡ 小さめの乱切りにする。
- 白滝 ➡ 食べやすい長さに切る。

調理

- 内鍋に玉ねぎ、にんじん、白滝、じゃがいも、牛肉（もみ込んだAの残りも）の順に入れ、**調理キー**を押す。

調理キー

メニュー ▶ カテゴリー ▶ 煮物 ▶ 肉 ▶ 肉じゃが
HT24B HT99B HT16E 自動 ▶ 煮物2-1
HT99A 自動 ▶ 煮物1-1

調理時間
35分

洋風肉じゃが

ホットクックが得意な肉じゃがは、味つけバリエを
覚えておくのがおすすめ！　パンにもごはんにも合うおいしさです。

材料（3人分）

牛切り落とし肉 … 150g
じゃがいも … 2～3個（300g）
玉ねぎ … ½個
パプリカ … 1個
A 砂糖、酒、オリーブオイル
　… 各大さじ1
　洋風スープの素（顆粒）
　… 小さじ2
　塩 … 少々
　水 … 大さじ2

つくり方

準備

- 牛肉 ➡ Aをもみ込む。
- じゃがいも ➡ 大きめのひと口大に切る。
- 玉ねぎ ➡ 繊維に沿って薄切りにする。
- パプリカ ➡ 種を取り、繊維に沿って2cm幅に切る。

調理

- 内鍋に玉ねぎ、じゃがいも、牛肉（もみ込んだAの残りも）、パプリカの順に入れ、**調理キー**を押す。

調理キー

メニュー ▶ カテゴリー ▶ 煮物 ▶ 肉 ▶ 肉じゃが
HT24B　HT99B　HT16E　自動 ▶ 煮物2-1
HT99A　自動 ▶ 煮物1-1

調理時間 35分

中華風肉じゃが

隠し味にオイスターソースを加えて、ごま油とにんにくをきかせるのがポイント。煮汁までごはんにかけたくなります。

材料（3人分）

牛切り落とし肉 … 150g
じゃがいも … 2〜3個（300g）
玉ねぎ … ½個
さやいんげん … 10本
にんにく … 1片
しょうがの薄切り … 3枚
A しょうゆ、オイスターソース、砂糖、酒、ごま油 … 各大さじ1
水 … 大さじ2

つくり方

準備

- 牛肉 ➡ Aをもみ込む。
- じゃがいも ➡ 大きめのひと口大に切る。
- 玉ねぎ ➡ 繊維に沿って薄切りにする。
- さやいんげん ➡ 3等分の斜め切りにする。
- にんにく ➡ 縦半分に切って、軽くつぶす。

調理

- 内鍋に玉ねぎ、じゃがいも、牛肉（もみ込んだAの残りも）、にんにく、しょうが、さやいんげんの順に入れ、**調理キー**を押す。

調理キー	
メニュー ▶ カテゴリー ▶ 煮物 ▶ 肉 ▶ 肉じゃが	
HT24B HT99B HT16E	自動 ▶ 煮物2-1
HT99A	自動 ▶ 煮物1-1

しみじみおいしい「魚おかず」

ついワンパターンになりがちな魚料理、
ぜひホットクックでレパートリーを増やして！
ご紹介するのは、「鮭」「カジキ」「ブリ」など
扱いやすい切り身を使ったレシピです。
生魚をおいしく調理するコツは、
あらかじめ魚に塩をふって水分を出し、
キッチンペーパーでふき取ること！
面倒でもこのひと手間でくさみが消えて、
魚料理がグンとおいしくなります。
生魚のほかに、缶詰やシーフードミックスなど、
魚介のストック食材を活用するレシピも
買い物に行けない日などに役立ちます。

調理時間
20分

鮭のオイマヨ炒め風

オイスターソース＆マヨネーズをからめてふっくら火を通した鮭は
まさにごはん泥棒！　やみつきになること間違いなし。

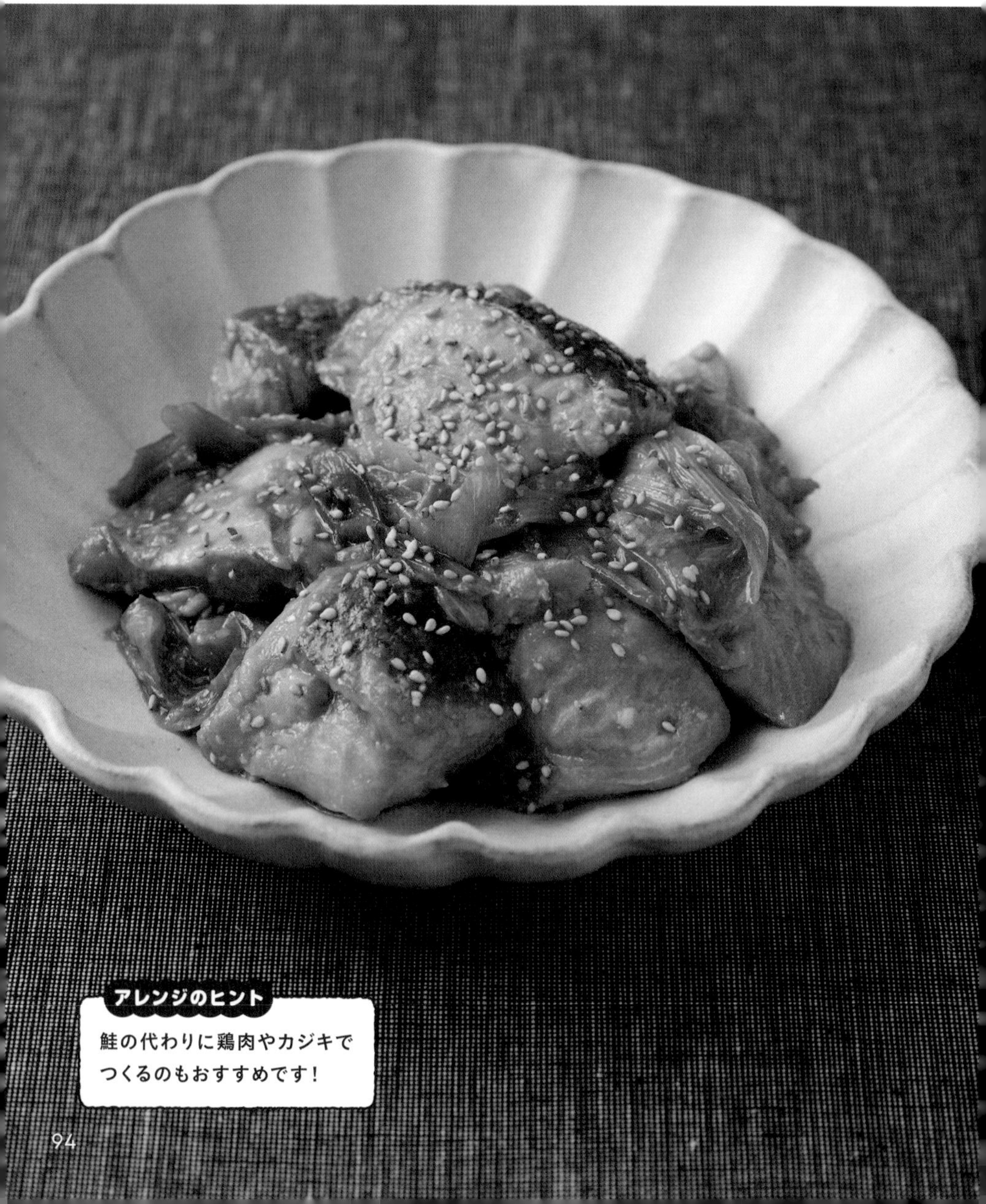

アレンジのヒント

鮭の代わりに鶏肉やカジキで
つくるのもおすすめです！

調理キー

メニュー ▶ カテゴリー ▶ 煮物 ▶ 魚介 ▶ さばのみそ煮

HT24B HT99B HT16E 自動 ▶ 煮物2-10
HT99A 自動 ▶ 煮物1-9

材料（2～3人分）

生鮭 … 3切れ
長ねぎ … 1本
にんにくのみじん切り … 1片分
薄力粉 … 適量
A オイスターソース、マヨネーズ … 各大さじ2
　酒 … 大さじ1
　しょうゆ … 小さじ½
白いりごま … 適量

つくり方

準備

- 鮭 ➡ 1切れを4等分に切り、塩少々(分量外)をふり、5分ほどおく。出てきた水気をキッチンペーパーでふき取り、薄力粉を薄くまぶす。
- 長ねぎ ➡ 1㎝幅の斜め切りにする。
- A ➡ 混ぜ合わせる。

調理

- 内鍋に長ねぎ、鮭、にんにく、Aの順に入れ、**調理キー**を押す。
- 調理が終わったら、軽く混ぜる。

仕上げ

- 器に盛り、白いりごまをふる。

揚げない鮭の南蛮漬け

甘酸っぱい味つけが食欲をかき立てる南蛮漬け。鮭を揚げずに
あのおいしさが味わえるレシピです。酢はあと混ぜがポイント！

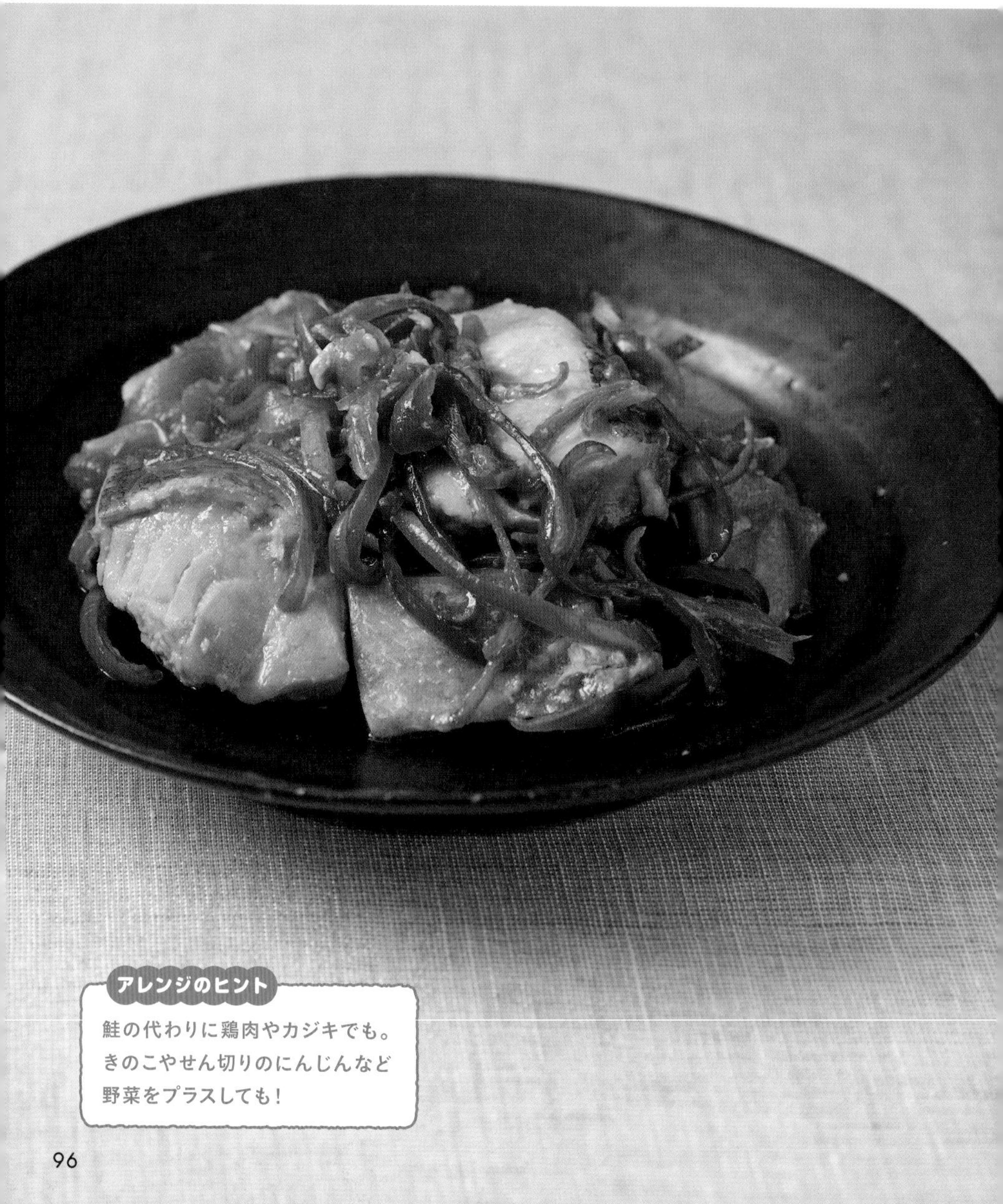

アレンジのヒント

鮭の代わりに鶏肉やカジキでも。
きのこやせん切りのにんじんなど
野菜をプラスしても！

調理キー

メニュー ▶ カテゴリー ▶ 煮物 ▶ 魚介 ▶ さばのみそ煮

HT24B HT99B HT16E 自動 ▶ 煮物2-10
HT99A 自動 ▶ 煮物1-9

材料（2〜3人分）

生鮭 … 3切れ
玉ねぎ … ½個
ピーマン … 2個
薄力粉 … 適量
酢 … 大さじ2
A しょうゆ … 大さじ1½
砂糖、酒 … 各大さじ1
水 … 100㎖

BEFORE

AFTER

酢は加熱すると
酸味がとぶので
あとから混ぜて！

つくり方

準備

- 鮭 ➡ 1切れを4等分に切り、塩少々（分量外）をふり、5分ほどおく。出てきた水気をキッチンペーパーでふき取り、薄力粉を薄くまぶす。
- 玉ねぎ ➡ 繊維に沿って薄切りにする。
- ピーマン ➡ せん切りにする。
- A ➡ 混ぜ合わせる。

調理

- 内鍋に玉ねぎ、鮭、ピーマン、Aの順に入れ、**調理キー**を押す。
- 調理が終わったら、酢を加えて軽く混ぜる。

調理時間
20分

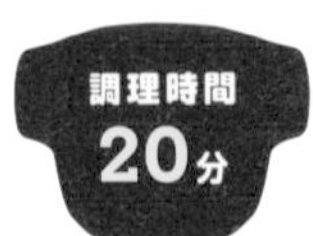

甘塩鮭とかぶの せん切りしょうが蒸し

甘塩鮭の塩気だけで味つけは十分！　ゴロゴロに切ったかぶを加えて
たっぷりのせん切りしょうがと酒をふって蒸し上げます。

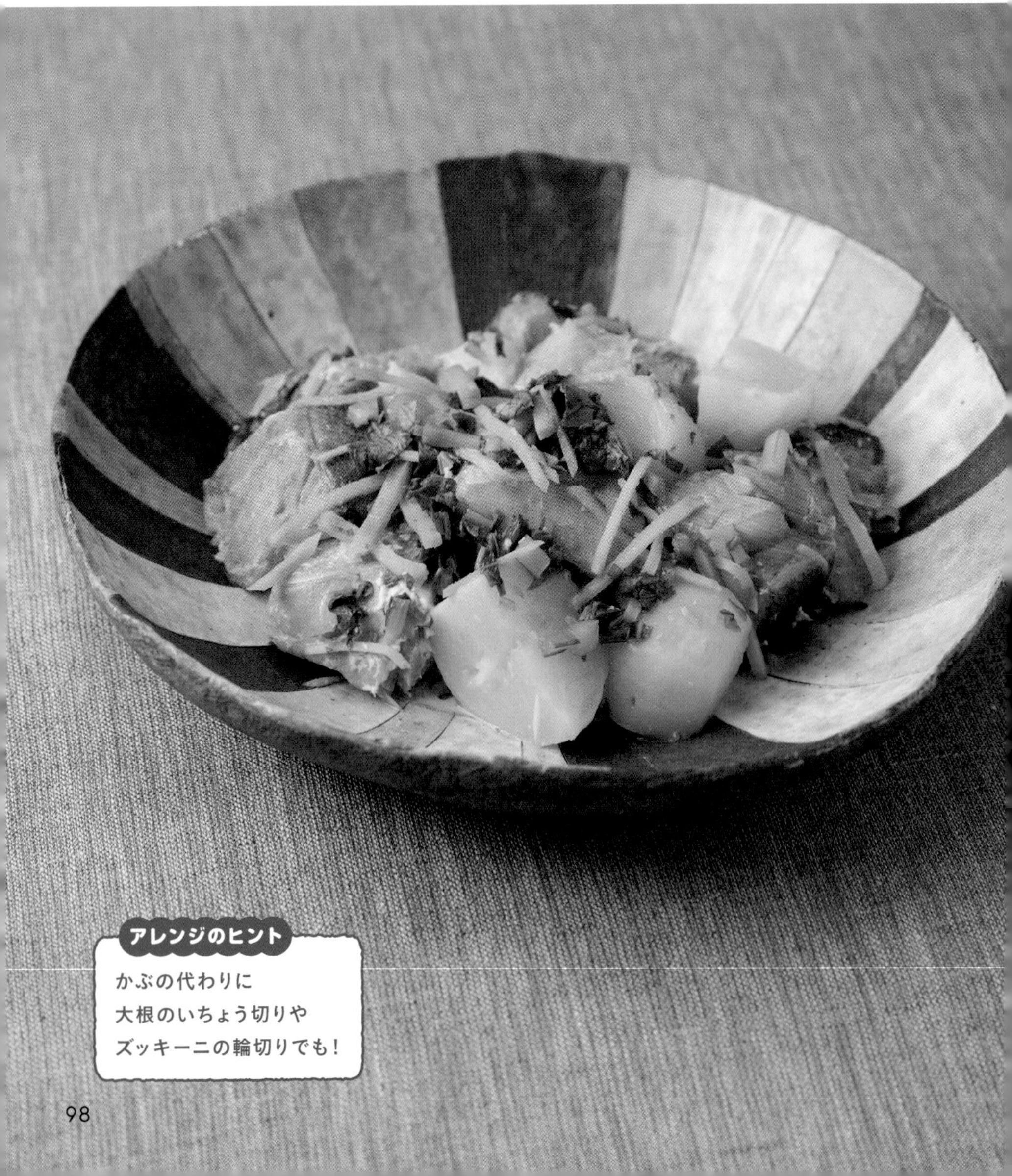

アレンジのヒント

かぶの代わりに
大根のいちょう切りや
ズッキーニの輪切りでも！

調理キー

メニュー ▶ カテゴリー ▶ 煮物 ▶ 魚介 ▶ さばのみそ煮

HT24B HT99B HT16E 自動 ▶ 煮物2-10
HT99A 自動 ▶ 煮物1-9

材料（2〜3人分）

甘塩鮭 … 3切れ
かぶ … 2個
かぶの葉 … かぶ2個分
しょうがのせん切り … 3かけ分（30g）
酒 … 大さじ1

つくり方

準備

- かぶ ➡ 縦6等分に切る。
- かぶの葉 ➡ 粗くきざむ。
- 鮭 ➡ 4等分に切る。

調理

- 内鍋にかぶ、鮭、しょうが、かぶ、鮭、しょうが、酒の順に入れ、**調理キー**を押す。
- 調理が終わったら、すぐにかぶの葉を入れてふたを閉め、余熱で2分ほどおく。最後に軽く混ぜてさらに火を通す。

BEFORE

AFTER

かぶの葉は
余熱で火を通すと
鮮やかな緑色に！

調理時間
20分

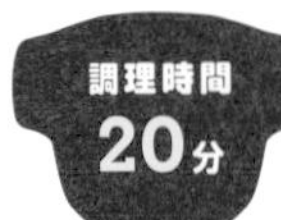

甘塩鮭とキャベツのクリーム煮

甘塩鮭はあらかじめ下味がつけてある便利食材。ほどよい塩気のついた鮭と甘味のあるキャベツをコトコト煮込んだやさしい味。

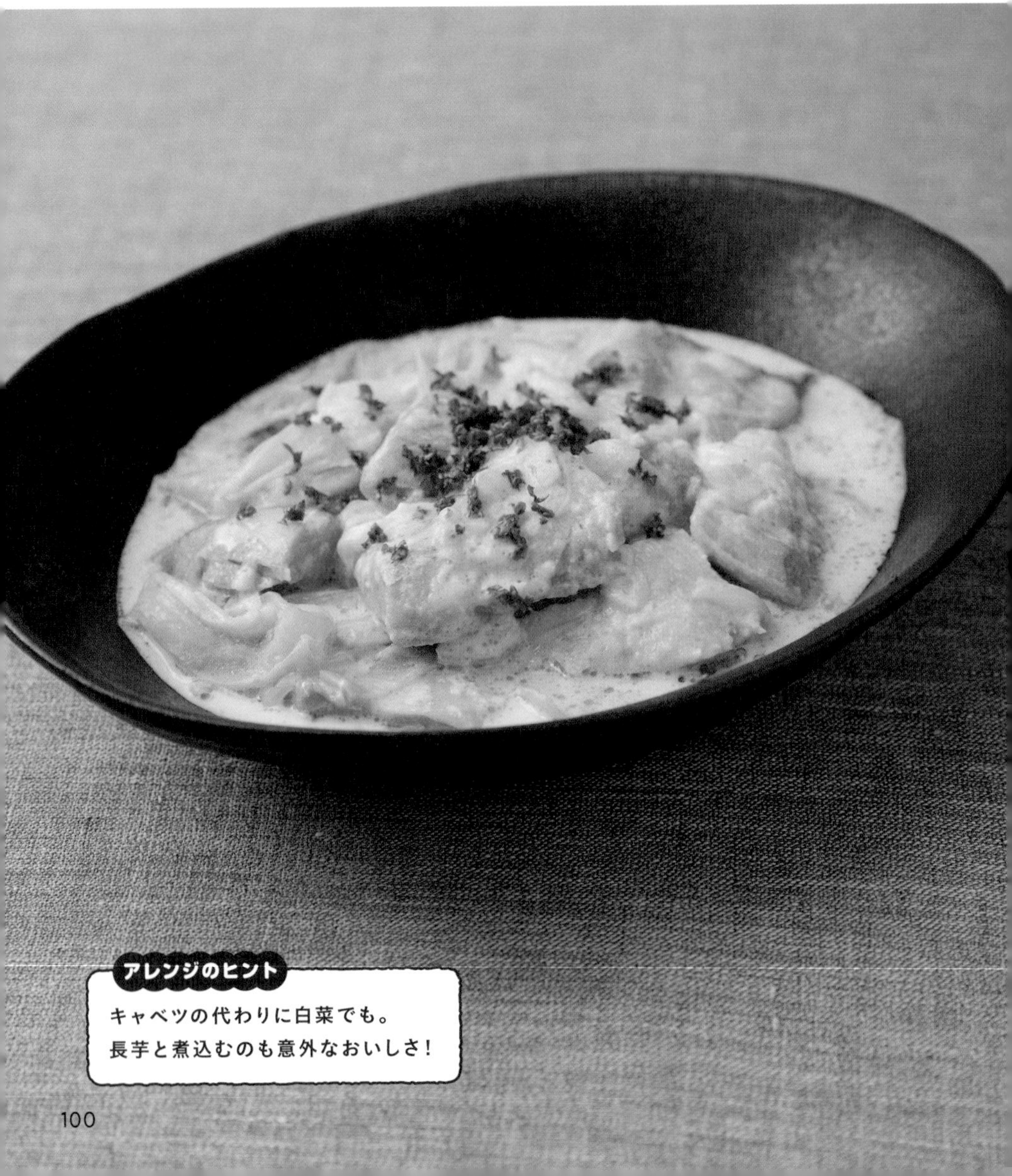

アレンジのヒント

キャベツの代わりに白菜でも。
長芋と煮込むのも意外なおいしさ!

調理キー

メニュー ▶ カテゴリー ▶ 煮物 ▶ 魚介 ▶ さばのみそ煮

HT24B HT99B HT16E 自動 ▶ 煮物2-10

HT99A 自動 ▶ 煮物1-9

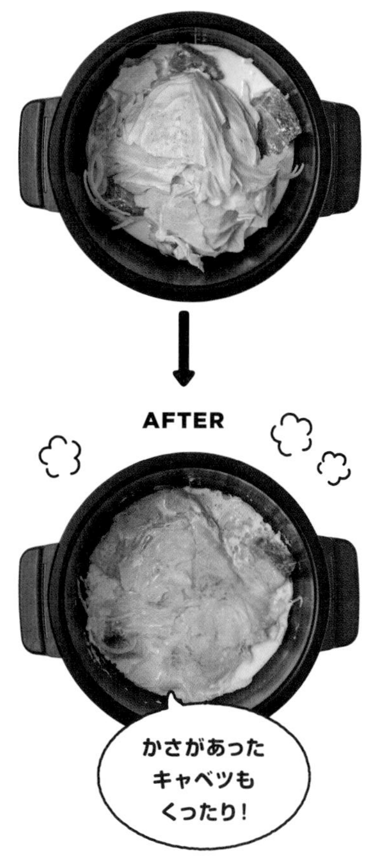

材料（2～3人分）

甘塩鮭 … 3切れ
キャベツ … 大2枚（80g）
玉ねぎ … ½個
牛乳 … 200mℓ
薄力粉 … 適量
白こしょう … 少々

つくり方

準備

- キャベツ ➡ 大きめにちぎる。
- 玉ねぎ ➡ 繊維に沿って薄切りにする。
- 鮭 ➡ ひと口大に切り、薄力粉を薄くまぶす。

調理

- 内鍋に玉ねぎ、鮭、キャベツ、牛乳、白こしょうの順に入れ、**調理キー**を押す。
- 調理が終わったら、軽く混ぜる。

仕上げ

- 器に盛り、好みでパセリのみじん切りを散らす。

調理時間
20分

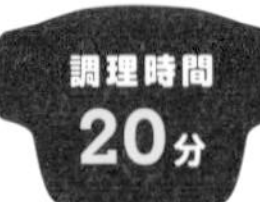

カジキとチンゲン菜のピリ辛煮

クタクタのチンゲン菜もおいしい中華風の煮魚。辛味だけでなく、
コクと旨味のある豆板醤をしっかりきかせることで、味がきまります。

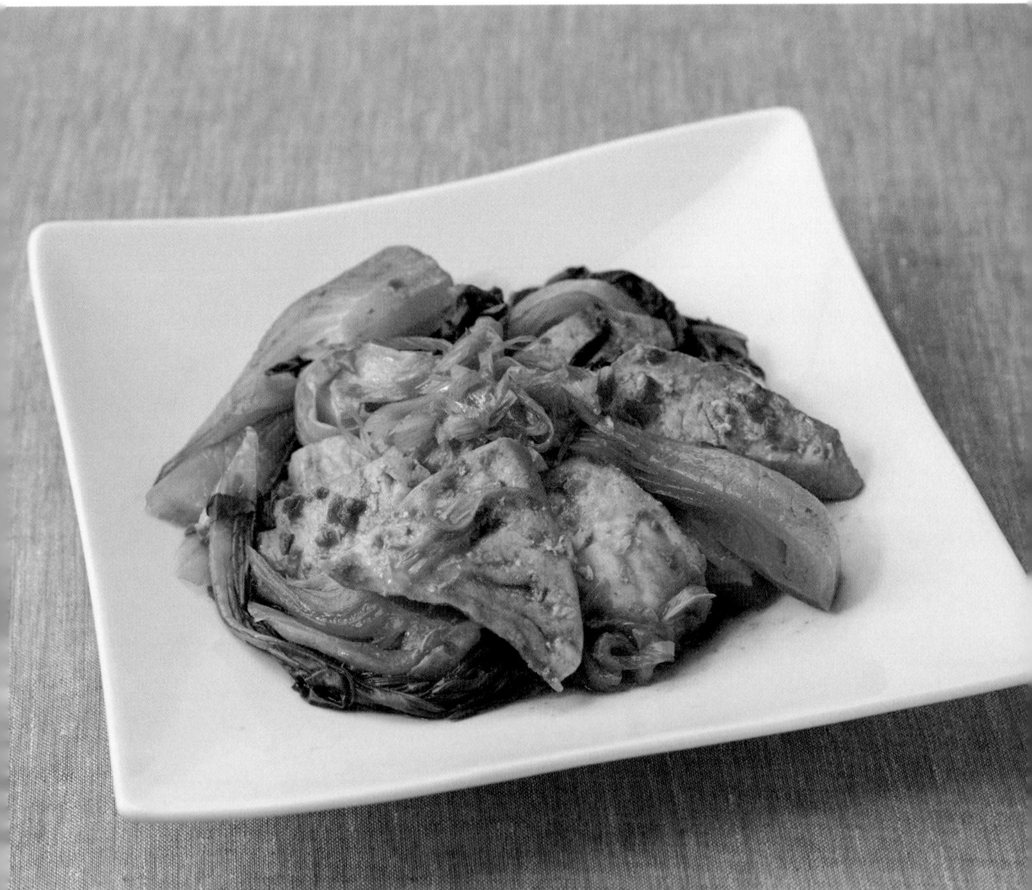

アレンジのヒント

カジキの代わりに
生鮭や鶏むね肉でつくっても！

調理キー

メニュー ▶ カテゴリー ▶ 煮物 ▶ 魚介 ▶ さばのみそ煮

HT24B HT99B HT16E 自動 ▶ 煮物2-10
HT99A 自動 ▶ 煮物1-9

材料（2〜3人分）

カジキ … 3切れ（270g）
チンゲン菜 … 2株
長ねぎ … ½本
A しょうゆ、酒、
　豆板醤 … 各大さじ1

つくり方

準備

- カジキ ➡ 1切れを3等分に切り、塩少々（分量外）をふり、5分ほどおく。出てきた水気をキッチンペーパーでふき取り、Aをもみ込む。
- チンゲン菜 ➡ 縦4等分に切り、葉と茎に分けて切る。それぞれ斜め2等分に切る。
- 長ねぎ ➡ 斜め薄切りにする。

調理

- 内鍋に長ねぎ、チンゲン菜の茎、カジキ（もみ込んだAの残りも）、チンゲン菜の葉の順に入れ、**調理キー**を押す。
- 調理が終わったら、軽く混ぜる。

調理時間
20分

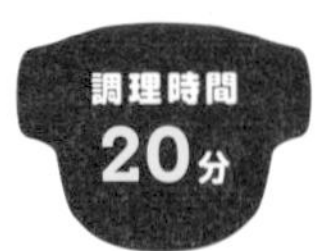

カジキのアクアパッツァ風

貝類は使わず、切り身のカジキで手軽に！　香りがよく、具材として存在感のあるセロリを使うことで、少ない材料でも味がまとまります。

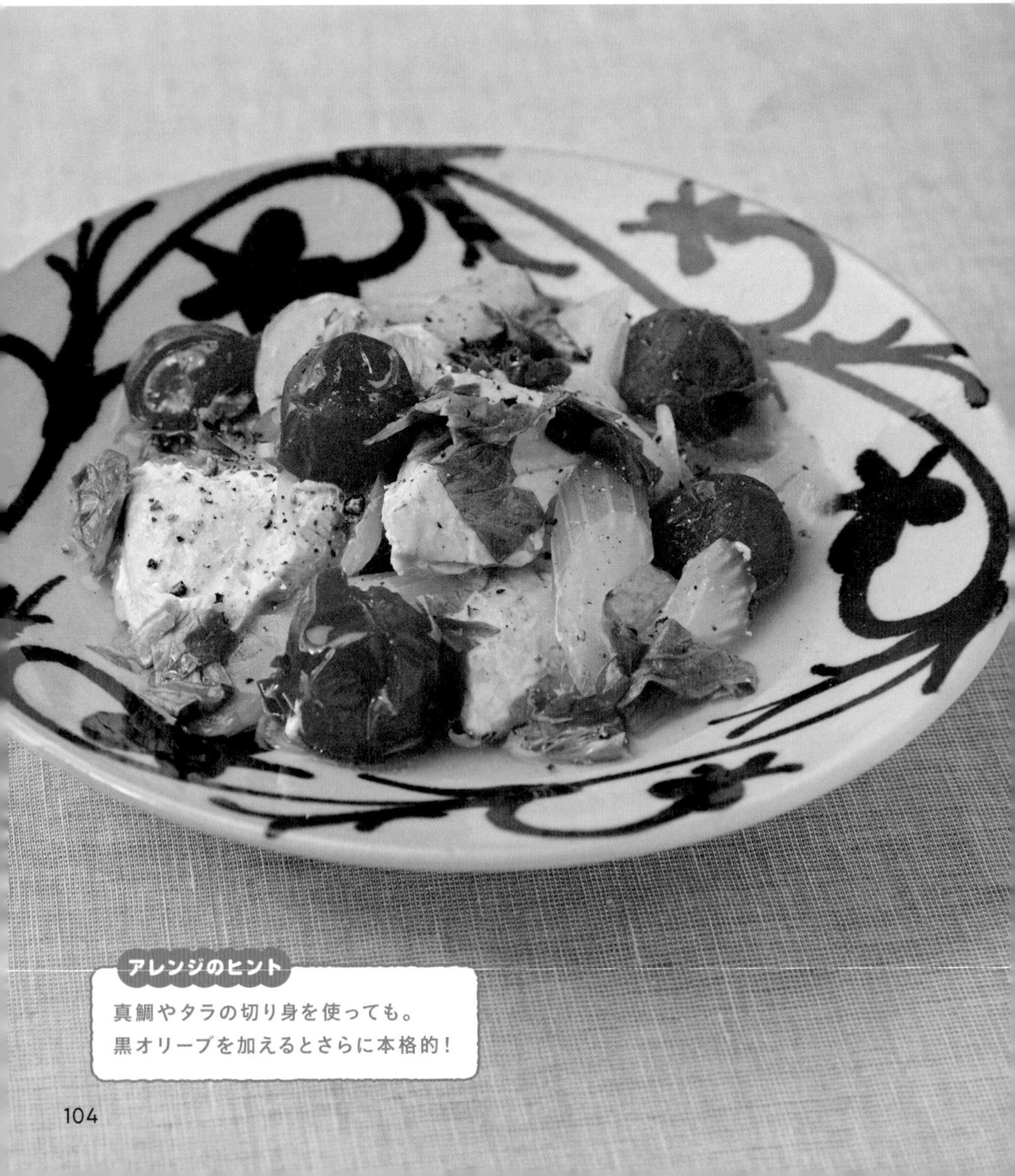

アレンジのヒント

真鯛やタラの切り身を使っても。
黒オリーブを加えるとさらに本格的！

調理キー

メニュー ▶ カテゴリー ▶ 煮物 ▶ 魚介 ▶ さばのみそ煮

HT24B HT99B HT16E 自動 ▶ 煮物2-10
HT99A 自動 ▶ 煮物1-9

材料（2〜3人分）

カジキ … 3切れ（270g）
セロリ … 1本
玉ねぎ … ½個
ミニトマト … 12個
にんにく … 1片
ローリエ … 2枚

A
塩 … 小さじ1
オリーブオイル … 大さじ1
白ワイン（酒でも可） … 50mℓ
水 … 100mℓ

黒こしょう … 少々

つくり方

準備

- カジキ ➡ 1切れを3等分に切り、塩少々（分量外）をふり、5分ほどおく。出てきた水気をキッチンペーパーでふき取る。
- セロリ ➡ 茎は筋を取り、1㎝幅の斜め切りにする。葉はざく切りにする。
- 玉ねぎ ➡ 繊維に沿って薄切りにする。
- にんにく ➡ 縦半分に切って軽くつぶす。
- A ➡ 混ぜ合わせる。

調理

- 内鍋に玉ねぎ、セロリの茎、カジキ、にんにく、ローリエ、ミニトマト、Aの順に入れ、**調理キー**を押す。
- 調理が終わったら、すぐにセロリの葉を入れてふたを閉め、余熱で2分ほどおく。最後に軽く混ぜてさらに火を通す。

仕上げ

- 器に盛って黒こしょうをふり、好みでオリーブオイルをかける。

ブリとなすの中華風トマト煮

おいしさの決め手はフレッシュトマトを使うこと！
このおかずひとつで、野菜がたっぷり食べられるのもうれしい！

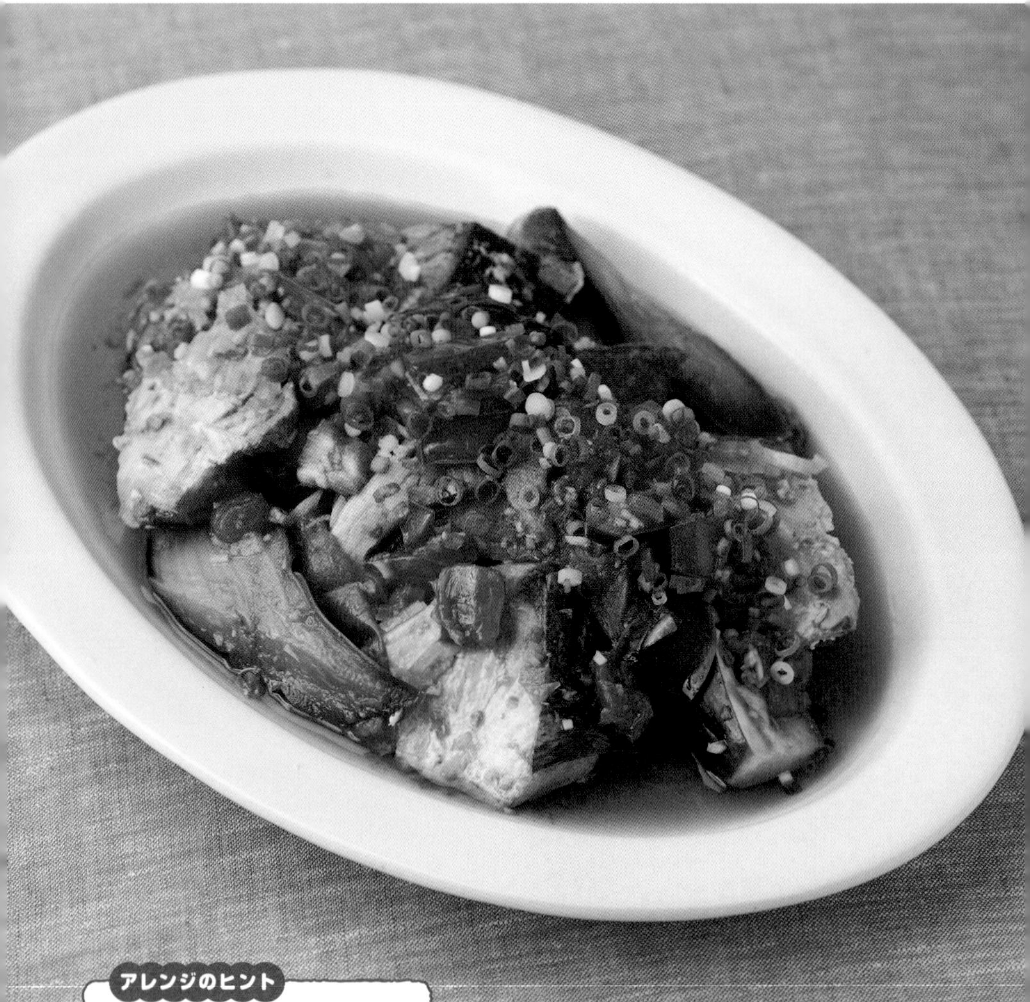

アレンジのヒント

ブリの代わりにサバ、
なすの代わりにズッキーニでも。

調理キー

メニュー ▶ カテゴリー ▶ 煮物 ▶ 魚介 ▶ さばのみそ煮

HT24B HT99B HT16E 自動 ▶ 煮物2-10
HT99A 自動 ▶ 煮物1-9

材料（2〜3人分）

ブリ … 3切れ
なす … 2本（160g）
A トマト … 大1個（200g）
玉ねぎのみじん切り … ¼個分
にんにくのみじん切り … 1片分
しょうがのみじん切り … 1かけ分
オイスターソース、酒 … 各大さじ1
しょうゆ … 小さじ2

BEFORE

AFTER

つくり方

準備

- ブリ ➡ 大きめのひと口大に切り、塩少々（分量外）をふり、5分ほどおく。出てきた水気をキッチンペーパーでふき取る。
- なす ➡ 縦半分に切り、斜め3等分に切る。
- A ➡ トマトを粗くきざんで、混ぜ合わせる。

調理

- 内鍋になす、ブリ、Aの順に入れ、**調理キー**を押す。

仕上げ

- 器に盛り、好みで小ねぎの小口切りを散らす。

カレーブリ大根

これぞ進化系ブリ大根!?　食べればわかる、意外な相性の良さ！
しょうゆも加えて煮るので、スパイシーなのにホッとする味です。

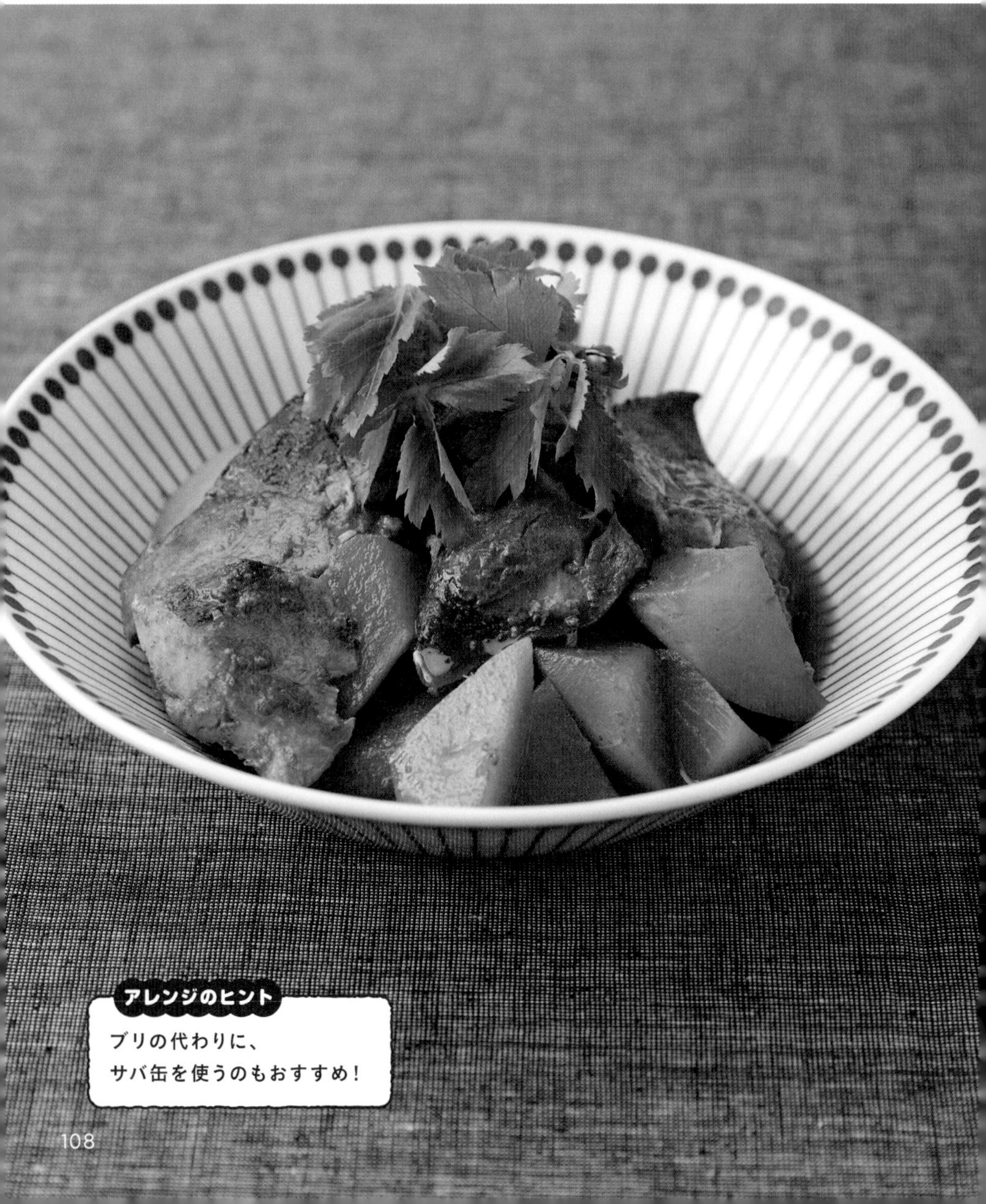

アレンジのヒント

ブリの代わりに、
サバ缶を使うのもおすすめ！

調理キー

メニュー ▶ カテゴリー ▶ 煮物 ▶ 魚介 ▶ さばのみそ煮

HT24B **HT99B** **HT16E** 自動 ▶ 煮物2-10
HT99A 自動 ▶ 煮物1-9

材料 (2〜3人分)

ブリ … 3切れ
大根 … ⅓本 (300g)
A カレー粉、しょうゆ、酒
　… 各大さじ1½
　砂糖 … 大さじ½
　水 … 200㎖

つくり方

準備

- ブリ ➡ 大きめのひと口大に切り、塩少々(分量外)をふり、5分ほどおく。出てきた水気をキッチンペーパーでふき取る。
- 大根 ➡ 小さめの乱切りにする。
- A ➡ 混ぜ合わせる。

調理

- 内鍋に大根、ブリ、Aの順に入れ、**調理キー**を押す。
- 調理が終わったら、軽く混ぜる。

仕上げ

- 器に盛り、好みで三つ葉を飾る。

BEFORE

AFTER

ブリの旨味が
大根にもシミシミ!

調理時間
20分

中華風サバのみそ煮

和風のサバみそに飽きたら、ぜひお試しを！　にんにくとごま油を
加えることで魚のくさみも消え、ますますごはんが進む味に。

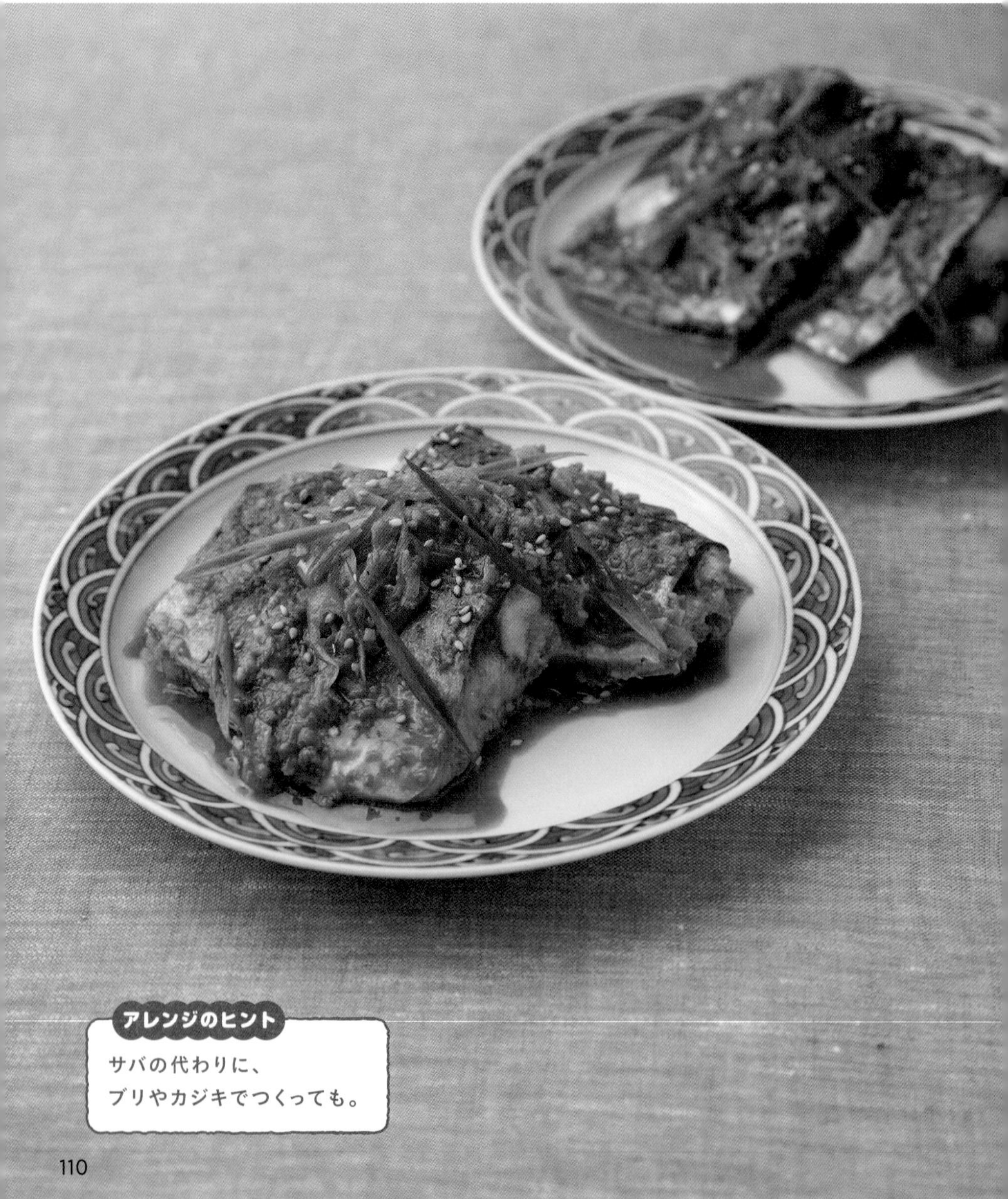

アレンジのヒント

サバの代わりに、
ブリやカジキでつくっても。

調理キー

メニュー ▶ カテゴリー ▶ 煮物 ▶ 魚介 ▶ さばのみそ煮

HT24B **HT99B** **HT16E** **自動 ▶ 煮物2-10**
HT99A **自動 ▶ 煮物1-9**

材料（2人分）

サバ（3枚おろし）… 半身2切れ
長ねぎ … ½本
しょうがの薄切り … 3枚
にんにくのみじん切り … 1片分
A みそ、水 … 各大さじ2
酒、ごま油 … 各大さじ1
しょうゆ … 小さじ½
白いりごま … 適量

BEFORE

AFTER

クタクタに煮えた
長ねぎも煮汁と
一緒に盛りつけて！

つくり方

準備

- サバ ➡ 半身1切れを2〜3等分に切り、塩少々（分量外）をふり、5分ほどおく。出てきた水気をキッチンペーパーでふき取る。
- 長ねぎ ➡ 斜め薄切りにする。
- A ➡ 混ぜ合わせる。

調理

- 内鍋に長ねぎ、サバ、にんにく、しょうが、Aの順に入れ、**調理キー**を押す。

仕上げ

- 器に盛り、白いりごまをふり、好みで小ねぎの斜め切りを散らす。

調理時間
20分

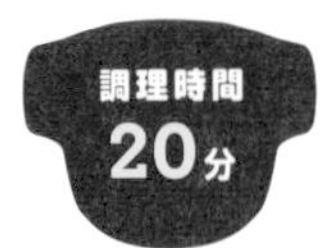

サバの梅煮

梅煮といえばサンマですが、サバでつくってもおいしいんです。
梅干しとしょうがの風味と香りは、何度でも食べたくなる味。

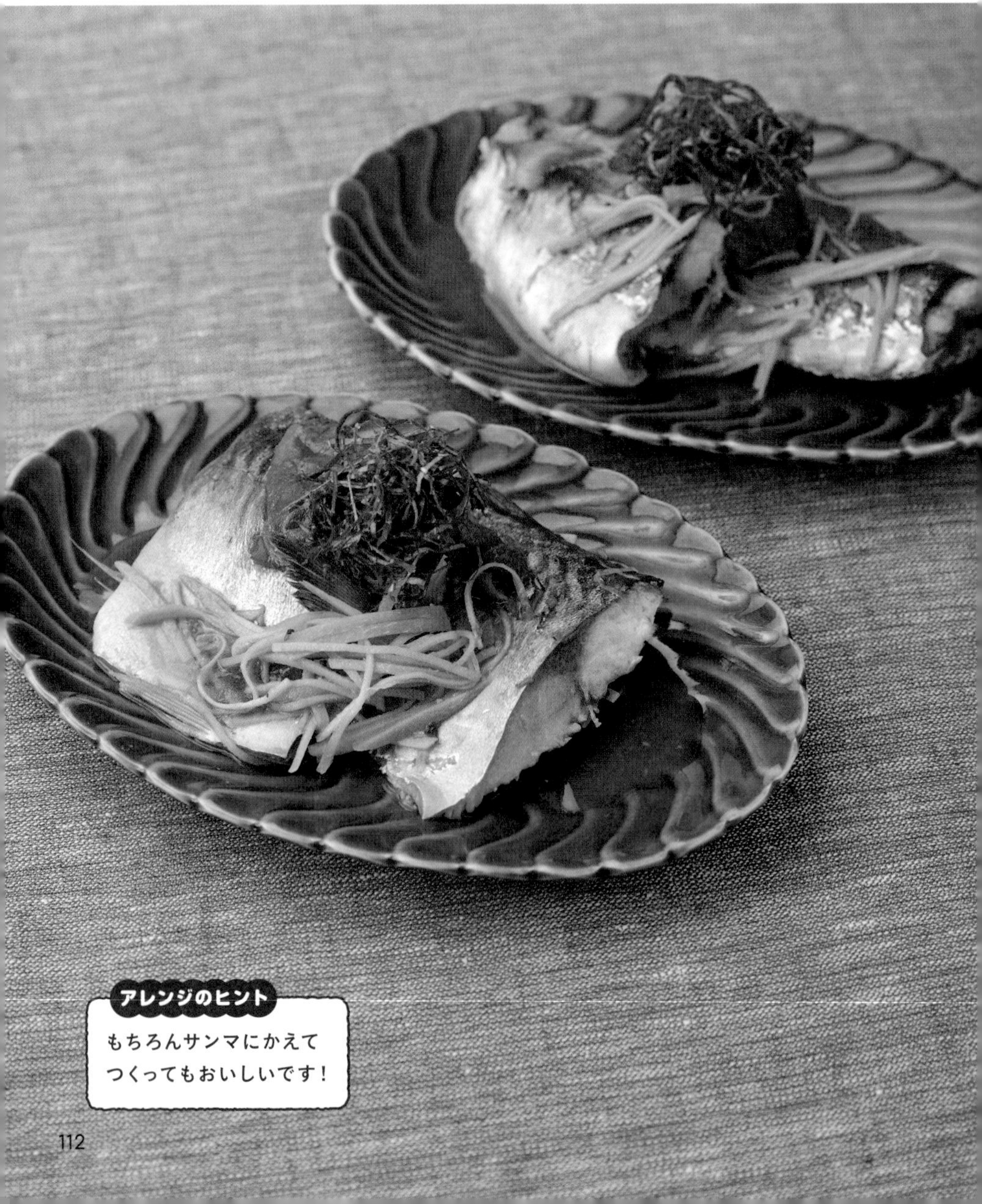

アレンジのヒント

もちろんサンマにかえて
つくってもおいしいです！

調理キー

メニュー ▶ カテゴリー ▶ 煮物 ▶ 魚介 ▶ さばのみそ煮

HT24B HT99B HT16E 自動 ▶ 煮物2-10
HT99A 自動 ▶ 煮物1-9

材料（2人分）

サバ（3枚おろし）… 半身2切れ
しょうがのせん切り … 3かけ分（30g）
種を抜いた梅干し … 大2個分
A しょうゆ … 小さじ1
酒、水 … 各50㎖

つくり方

準備

- サバ ➡ 半身1切れを2〜3等分に切り、塩少々（分量外）をふり、5分ほどおく。出てきた水気をキッチンペーパーでふき取る。
- A ➡ 混ぜ合わせる。

調理

- 内鍋にしょうが、サバ、梅干し、Aの順に入れ、**調理キー**を押す。

仕上げ

- 器に盛り、好みで青じそのせん切りを飾る。

調理時間
20分

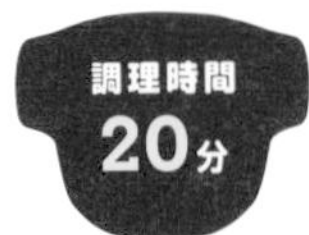

サバ缶ともやしのチゲ

サバ缶とキムチで旨味倍増！　シャキシャキもやしがよく合って
おかわりしたくなるおいしさ。ごはんを入れて食べるのもおすすめ。

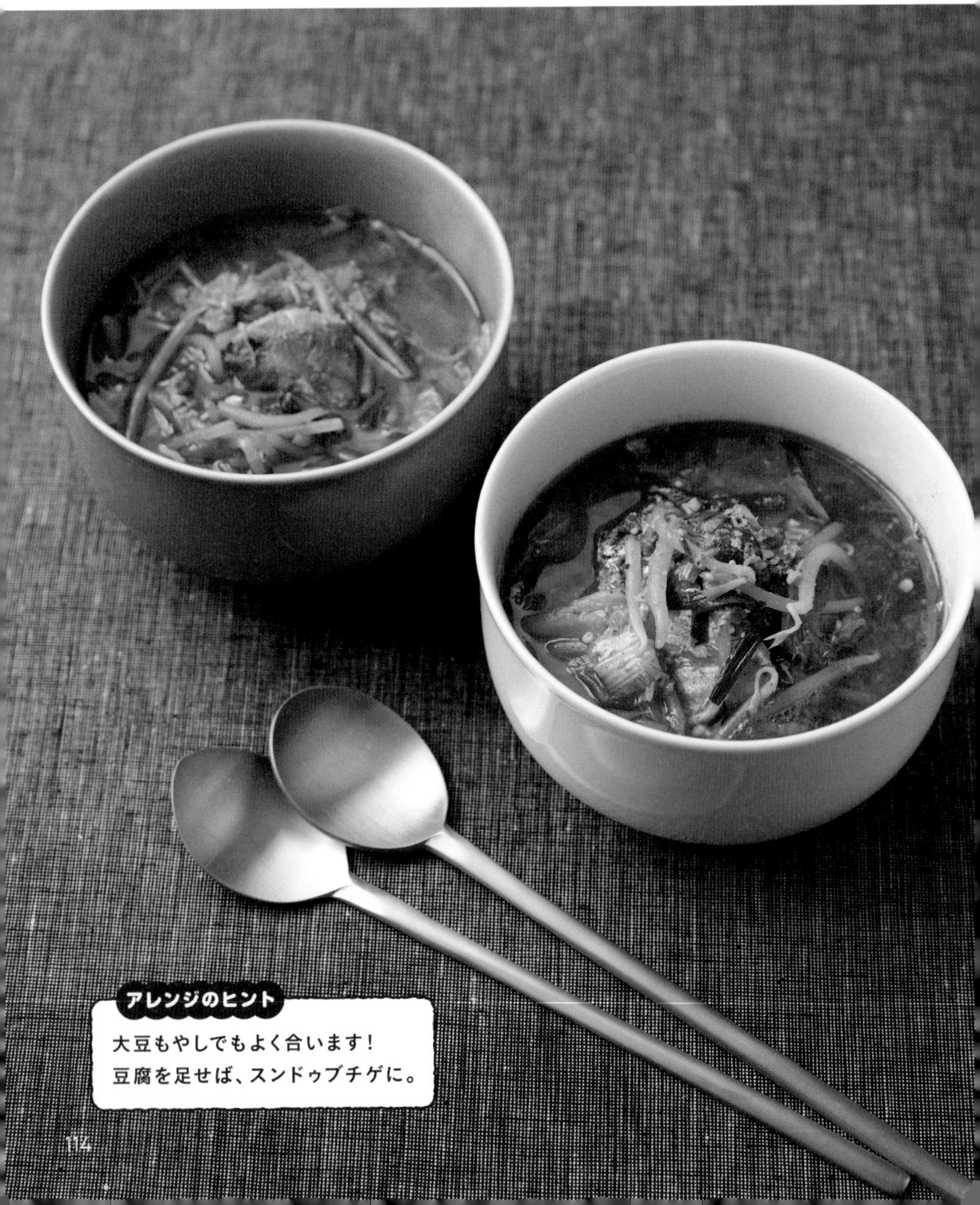

アレンジのヒント

大豆もやしでもよく合います！
豆腐を足せば、スンドゥブチゲに。

調理キー

メニュー ▶ カテゴリー ▶ 煮物 ▶ 魚介 ▶ さばのみそ煮

HT24B HT99B HT16E 自動 ▶ 煮物2-10

HT99A 自動 ▶ 煮物1-9

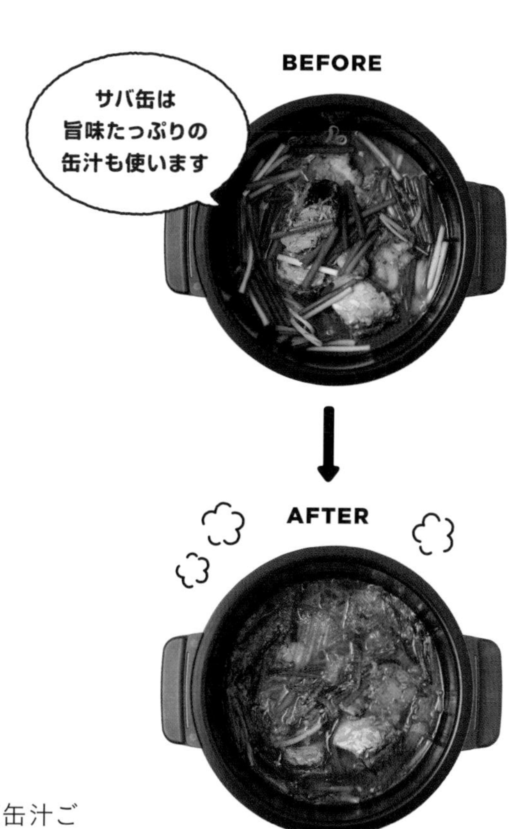

材料（2人分）

サバ水煮（缶）… 1缶（190g）
キムチ … 150g
もやし … ½袋（100g）
小ねぎ … 5本
A みそ … 大さじ2
　酒 … 大さじ1
　水 … 300mℓ

つくり方

準備

- 小ねぎ ➡ 5cm長さに切る。
- A ➡ 混ぜ合わせる。

調理

- 内鍋にもやし、キムチ、サバ水煮（缶汁ごと）、A、小ねぎの順に入れ、**調理キー**を押す。

調理時間
20分

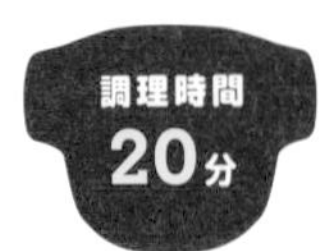

サバ缶と大根のごまみそ煮

買い物に行けない日でも、サバ缶と大根の買い置きが
あればパッとつくれるお助けおかず。素朴だけどおいしい煮物です。

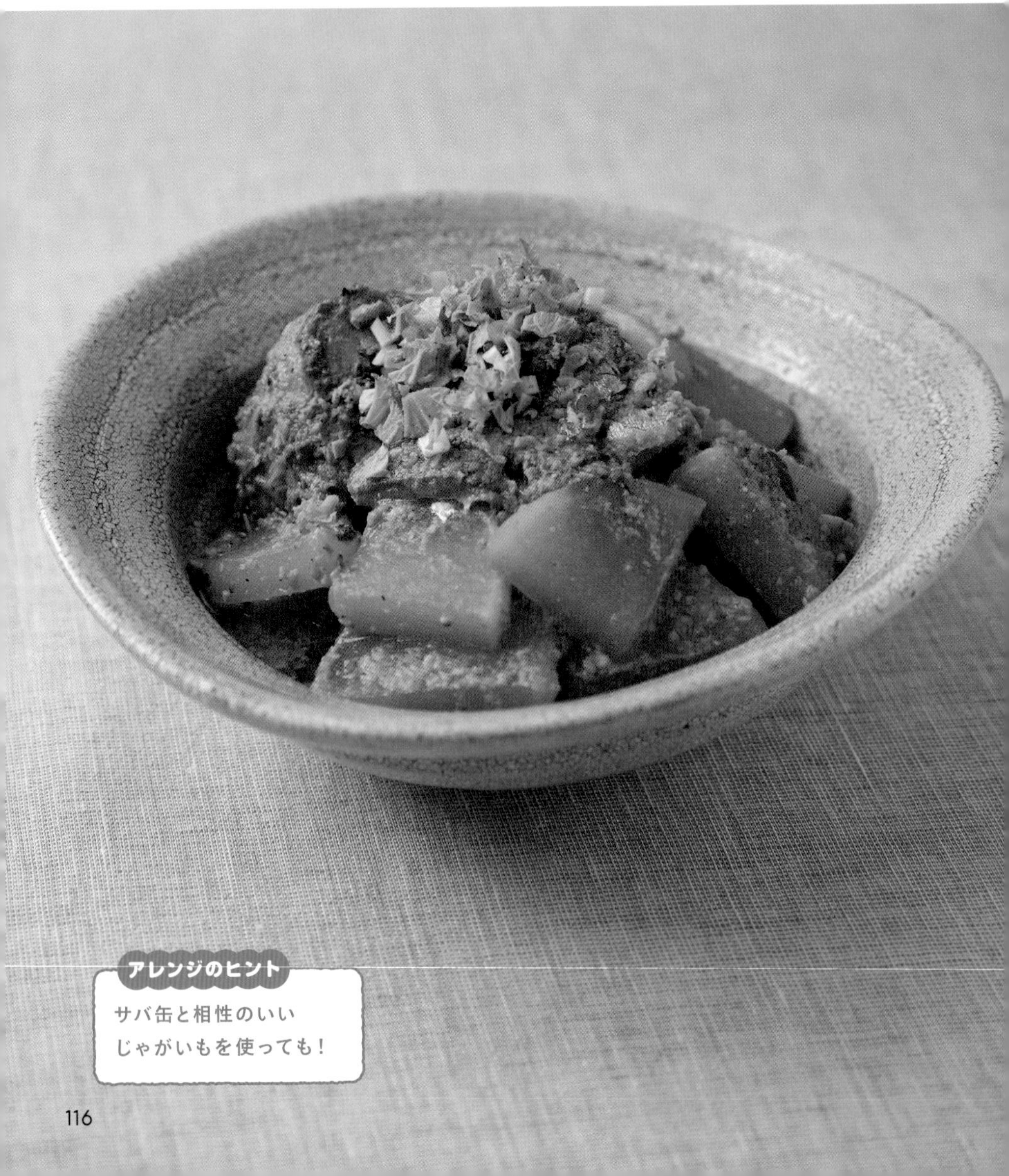

アレンジのヒント

サバ缶と相性のいい
じゃがいもを使っても！

調理キー

メニュー ▶ カテゴリー ▶ 煮物 ▶ 魚介 ▶ さばのみそ煮

HT24B HT99B HT16E 自動 ▶ 煮物2-10
HT99A 自動 ▶ 煮物1-9

BEFORE

AFTER

すりごまは
あと混ぜで
ふわっと香ります！

材料（2〜3人分）

サバ水煮（缶）… 1缶（190g）
大根 … ⅓本（300g）
A みそ … 大さじ2
みりん … 大さじ1
水 … 100mℓ
白すりごま … 大さじ2

つくり方

準備

- 大根 ➡ 1cm厚さのいちょう切りにする。
- A ➡ 混ぜ合わせる。

調理

- 内鍋に大根、サバ水煮（缶汁ごと）、Aを入れ、**調理キー**を押す。
- 調理が終わったら、白すりごまを混ぜる。

仕上げ

- 器に盛り、好みできざんだ大根の葉を飾る。

炒り豆腐

魚も豆腐も卵も野菜も食べられる、栄養バランス満点で
子どもにも人気のおかずです。ツナを加えるのでだしいらず！

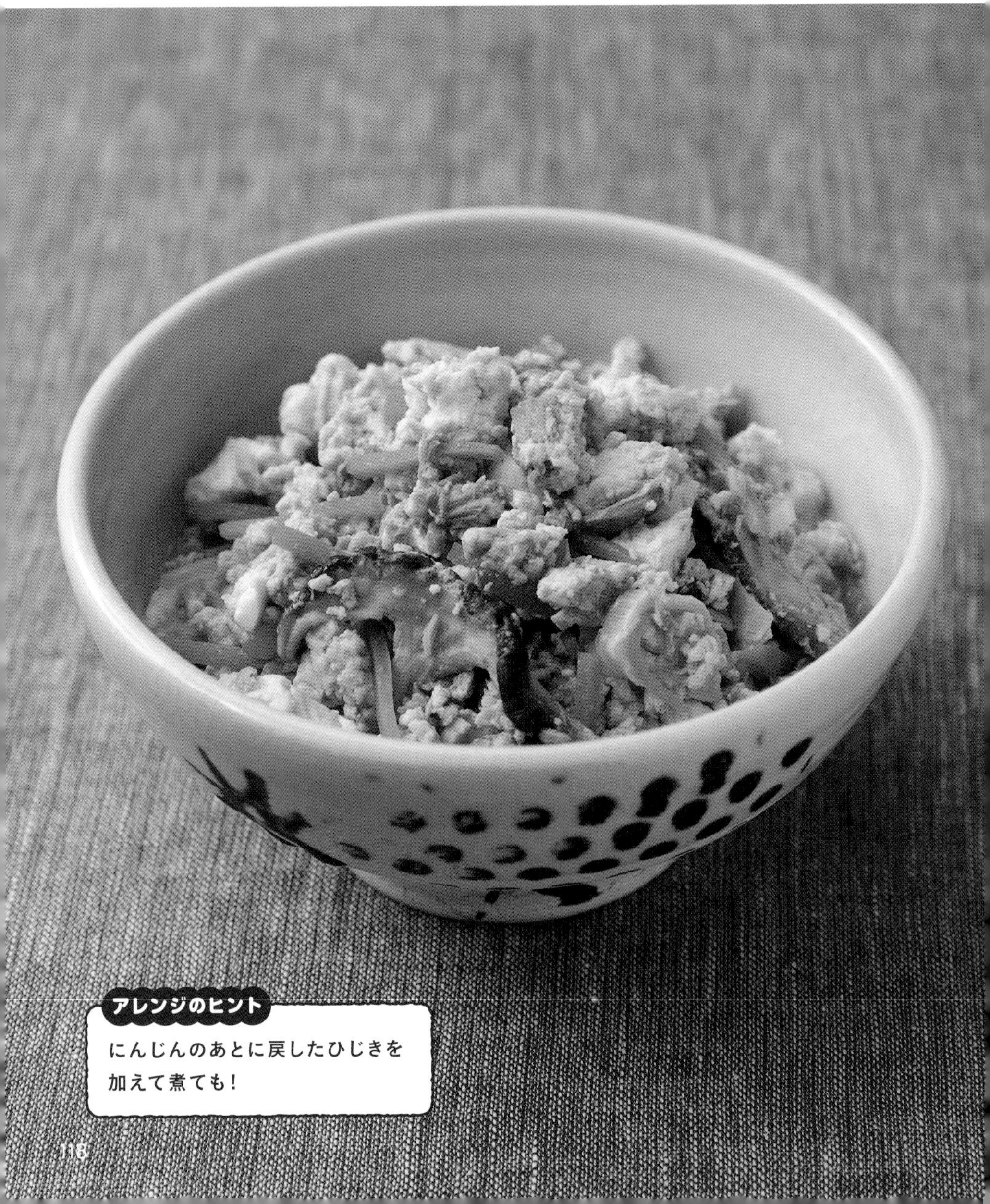

アレンジのヒント

にんじんのあとに戻したひじきを
加えて煮ても！

調理キー

メニュー ▶ カテゴリー ▶ 煮物 ▶ 肉 ▶ 豚バラ大根

HT24B HT99B HT16E 自動 ▶ 煮物2-14
HT99A 自動 ▶ 煮物1-20

材料（2〜3人分）

木綿豆腐 … 1丁（350g）
ツナ（缶）… 小1缶（70g）
しいたけ … 2枚
にんじん … ⅓本分（50g）
長ねぎ … 5㎝
溶き卵 … 1個分
A しょうゆ … 大さじ1½
　砂糖、酒 … 各大さじ1

つくり方

準備

- 木綿豆腐 ➡ 10分ほど重石をして水切りする。
- しいたけ ➡ 薄切りにする。
- にんじん ➡ 細切りにする。
- 長ねぎ ➡ 小口切りにする。

調理

- 内鍋に長ねぎ、にんじん、しいたけ、ツナ（缶汁ごと）の順に入れる。豆腐を細かくちぎりながらのせ、A、溶き卵の順に入れ、**調理キー**を押す。

調理時間
35分

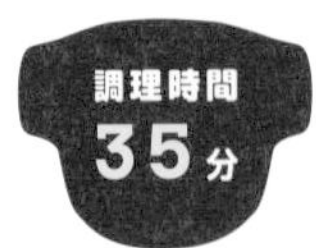

ツナじゃが

「ストック野菜がじゃがいもと玉ねぎしかない …」なんていうときはコレ！
味つけも手軽にめんつゆを活用。これぞまさに、お助けレシピです。

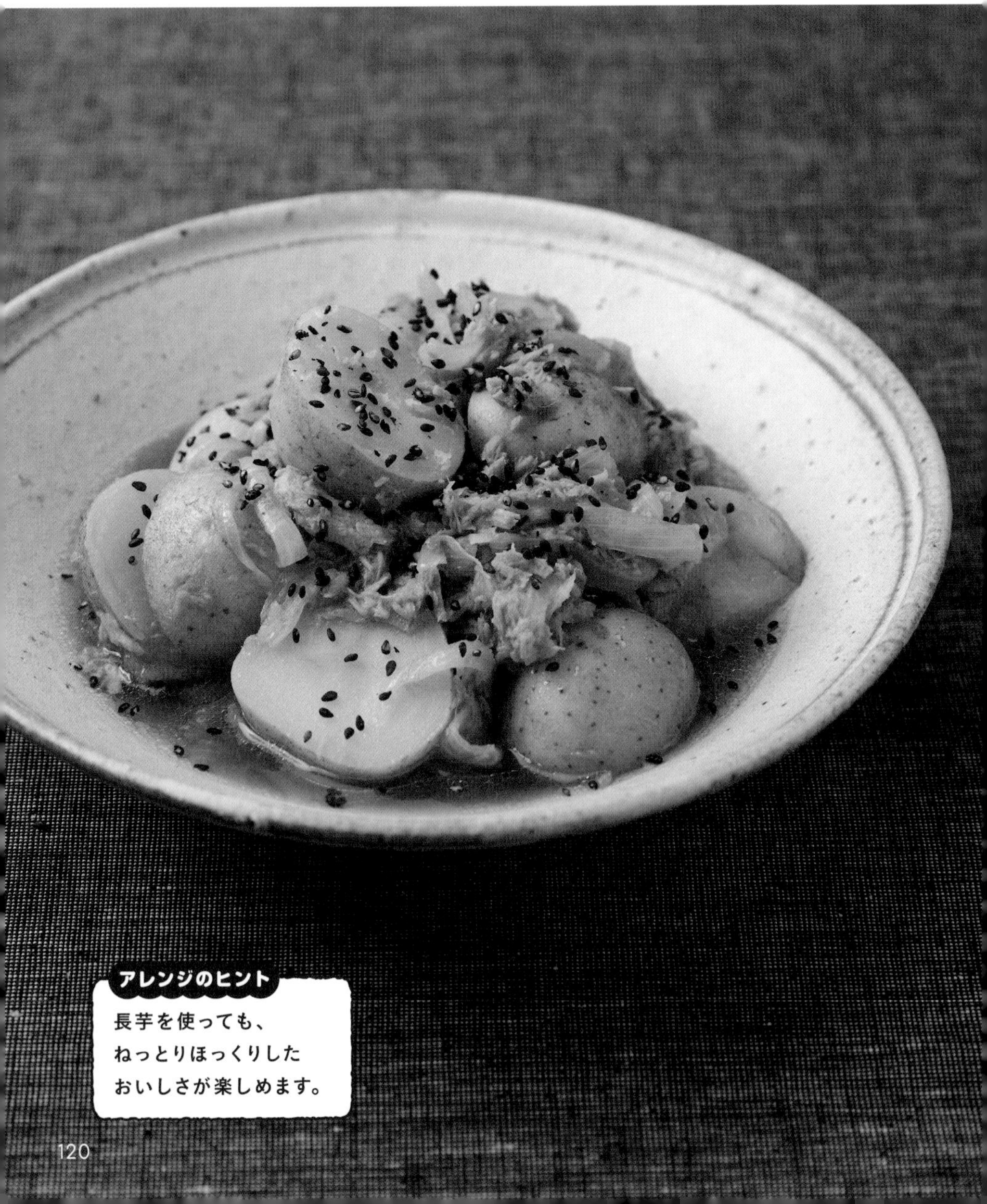

アレンジのヒント

長芋を使っても、
ねっとりほっくりした
おいしさが楽しめます。

調理キー

メニュー ▶ カテゴリー ▶ 煮物 ▶ 肉 ▶ 肉じゃが

HT24B HT99B HT16E 自動 ▶ 煮物2-1
HT99A 自動 ▶ 煮物1-1

材料（2〜3人分）

ツナ（缶）… 大1缶（140g）
じゃがいも … 小6〜7個（300g）
玉ねぎ … ½個
めんつゆ（3倍濃縮）… 大さじ2
水 … 100mℓ

つくり方

準備

- じゃがいも ➡ よく洗い、皮つきのまま2等分に切る。
- 玉ねぎ ➡ 繊維に沿って5mm厚さに切る。

調理

- 内鍋に玉ねぎ、じゃがいも、ツナ（缶汁ごと）、めんつゆ、水の順に入れ、**調理キー**を押す。

仕上げ

- 器に盛り、好みで黒いりごまをふる。

ブロッコリーのシーフード塩炒め

大きなブロッコリー1株をペロリと食べてしまいそう!?
冷凍シーフードミックスは、凍ったまま加熱OKなのも便利。

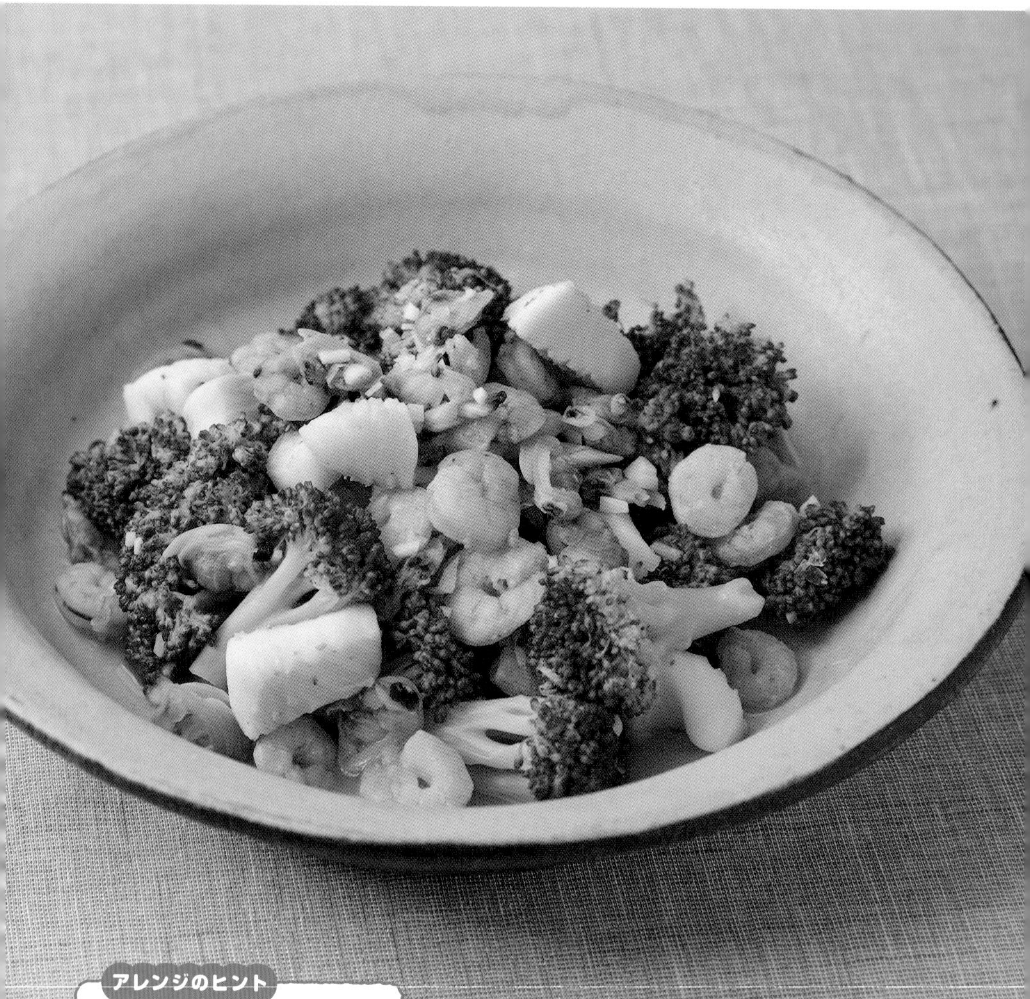

アレンジのヒント

ブロッコリーを粗くくずして
ゆでたパスタを和えても絶品!

調理キー

メニュー ▸ カテゴリー ▸ 煮物 ▸ 肉 ▸ 豚バラ大根

HT24B HT99B HT16E 自動 ▸ 煮物2-14

HT99A 自動 ▸ 煮物1-20

BEFORE

AFTER

ブロッコリーの色が
変わらないうちに
盛りつけて!

材 料 (2〜3人分)

シーフードミックス(冷凍) … 200g
ブロッコリー … 大1株(300g)
にんにくのみじん切り … 1片分
A 塩 … 小さじ½
酒 … 大さじ1
サラダ油 … 小さじ1

つくり方

準 備

- ブロッコリー ➡ 小さめの小房に分ける。

調 理

- 内鍋にブロッコリー、凍ったままのシーフードミックス、にんにく、Aの順に入れ、**調理キー**を押す。

調理時間
20分

お好み焼き風
海鮮卵蒸し

お好み焼きの主要具材、キャベツと卵にシーフードを加えて一緒にふっくら蒸すと、不思議なおいしさ。お好み焼きソースをかけて味わって！

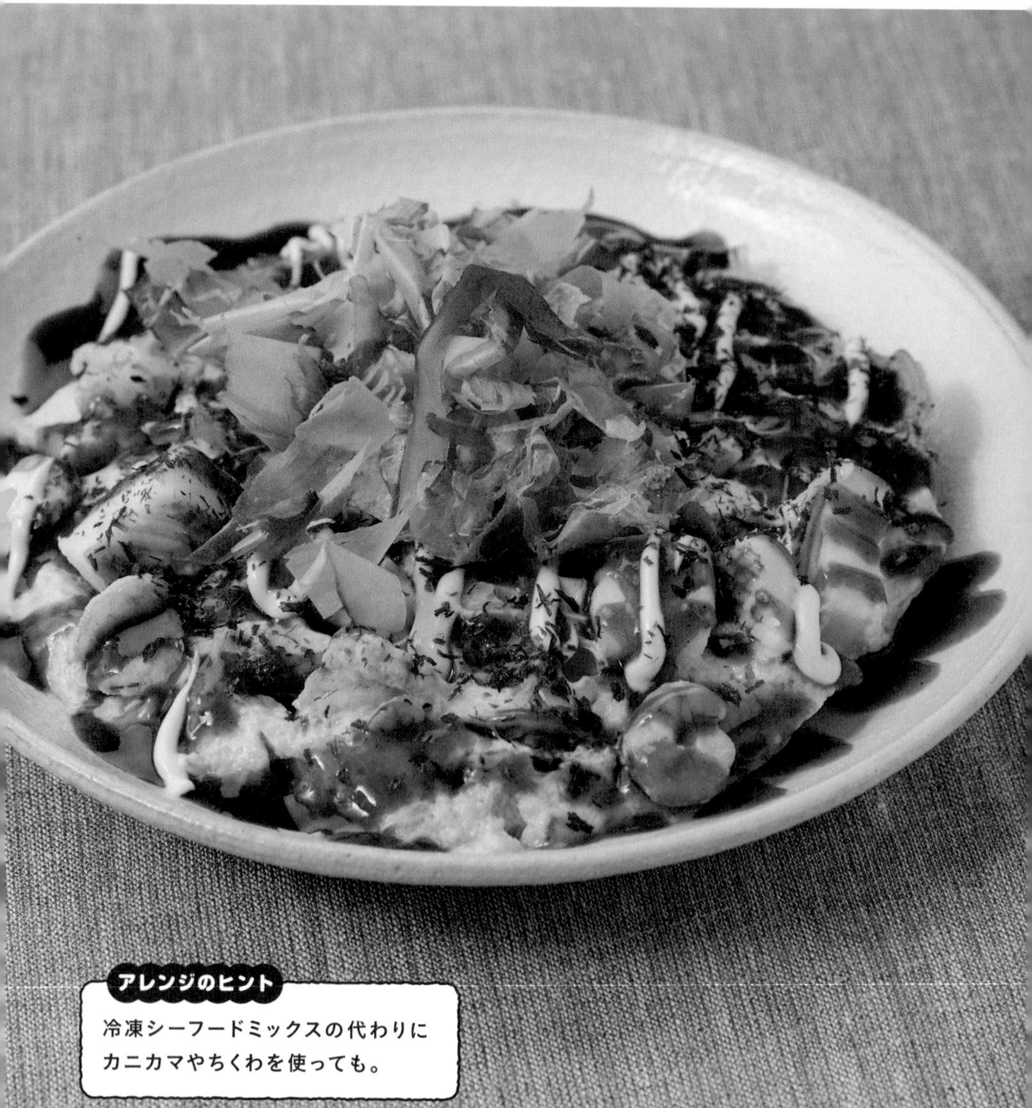

アレンジのヒント

冷凍シーフードミックスの代わりにカニカマやちくわを使っても。

調理キー

メニュー ▶ カテゴリー ▶ 煮物 ▶ 魚介 ▶ さばのみそ煮

HT24B HT99B HT16E 自動 ▶ 煮物2-10
HT99A 自動 ▶ 煮物1-9

材料 (2〜3人分)

シーフードミックス(冷凍)… 200g
キャベツ … 大2〜3枚(100g)
長ねぎ … ½本
サラダ油 … 大さじ1
A 溶き卵 … 3個分
めんつゆ(3倍濃縮) … 小さじ1
お好み焼きソース、マヨネーズ、
青のり、かつお節 … 各適量

BEFORE

AFTER

茶わん蒸しよりかたく
卵焼きよりやわらか!

つくり方

準備

- キャベツ ➡ せん切りにする。
- 長ねぎ ➡ 斜め薄切りにする。
- A ➡ 混ぜ合わせる。

調理

- 内鍋※に長ねぎを入れ、サラダ油をからめる。
- キャベツ、凍ったままのシーフードミックス、Aの順に入れ、**調理キー**を押す。

※このレシピは「HW16F/24F」のフッ素コートの内鍋を使っています。他機種のステンレス製の内鍋を使う場合は、卵がこびりつかないように、くっつかないアルミホイルかオーブンシートを敷き込んでから、材料を入れてください。

仕上げ

- 器に盛り、お好み焼きソース、マヨネーズをかけて、青のり、かつお節をトッピングする。

INDEX
調理時間&調理キー別

15分

「ブロッコリー」キー

まぜ技ユニット

20分

「さばのみそ煮」キー

20分 ※「HT99A」のみ15分です

「豚バラ大根」キー まぜ技ユニット

20分

「茶わん蒸し」キー

30分

「ミートソース」キー まぜ技ユニット

35分

「肉じゃが」キー まぜ技ユニット

65分

「おでん」キー

1時間 ※この調理キーは手動です

「発酵・低温調理」キー

● 調理時間について

各調理キーの調理時間は、ホットクックの自動調理メニューに設定されている加熱時間の目安です。この本のレシピでつくる場合は、食材の種類や量によって変わることがあります。

橋本加名子
Kanako Hashimoto

料理研究家、栄養士、フードコーディネーター。
海外留学、海外商社勤務時代にタイ、ベトナム、ラオス、広東料理などを広く学び、帰国後は懐石料理を学ぶ。独立後、料理教室「おいしいスプーン」を主宰する傍ら、飲食店のプロデュースやフードコーディネートなどに携わる。現在は、雑誌や書籍、ウェブサイト等で活躍。企業で働きながら子育てをした経験をいかし、「体にやさしくて、つくりやすい家庭料理」を提案し続けている。
『ホットクックお助けレシピ』（河出書房新社）、『はじめてのアジアごはん』（枻出版社）、『おいしい！ かんたん！ はじめての作りおきおかず』（新星出版社）等、著書多数。

「おいしいスプーン」
http://oishi-spoon.com/

協力

シャープ株式会社
〒590-8522
大阪府堺市堺区匠町1番地
お客様相談窓口　0120-078-178
https://jp.sharp/

Staff

デザイン：髙橋朱里、菅谷真理子
（マルサンカク）
撮影：加藤麻希
調理アシスタント：宮崎瑠美子
校正：ディクション
編集：大沼聡子

少ない材料＆調味料で、あとはスイッチポン！
ホットクックお助けレシピ
肉と魚のおかず

2020年11月30日　初版発行
2024年6月30日　7刷発行

著　者　橋本加名子
発行者　小野寺優
発行所　株式会社河出書房新社
〒162-8544
東京都新宿区東五軒町2-13
電話　03-3404-1201（営業）
03-3404-8611（編集）
https://www.kawade.co.jp/
印刷・製本　TOPPAN株式会社

Printed in Japan
ISBN978-4-309-28842-0

本書の内容に関するお問い合わせは、お手紙かメール（jitsuyou@kawade.co.jp）にて承ります。恐縮ですが、お電話でのお問い合わせはご遠慮くださいますようお願いいたします。